Raisons Qu'a Eu Le Roi Trés-chrétien De Préférer Le Testament De Charles Ii. Au Partage De La Succession D'espagne: Les Avantages Qui Lui En Reviennent, Avec Les-interêts Des Princes De L'europe Dans Un Si Grand Evenement. Comme Aussi Le Moïen...

Anonymous

RAISONS

Qu'a eu le Roi Trés-Chrétien
de préférer le

TESTAMENT

DE

CHARLES II.

Au partage de la Succeſſion

D'ESPAGNE,

Les avantages qui lui en revien-
nent, avec les-interêts des Prin-
ces de l'Europe dans un ſi grand
Evenement. Comme auſſi le moïen
de prévenir la guerre qui en pour-
roit arriver.

A PAMPELUNE,

Chez JAQUES LENCLUME,
1701.

AVIS

AU

LECTEUR.

VN Ouvrage auſ-
ſi petit que celui
ci, ſembleroit ne
pas avoir beſoin
d'aucun Avertiſſement; mais
comme l'on y témoigne en
quelques endroits, & ſur tout

au

AVIS

au commencement, que l'avantage de la Couronne de France eut été de s'en tenir au partage de la Succession d'Espagne fait à son profit, & de rejetter le Testament de Charles II. fait en faveur de Philippe Duc d'Anjou; comme, dis-je, après avoir paru être de ce sentiment, on ne laisse pas de conclurre, comme le titre même le témoigne assez, que le Roi Tres-Chrétien trouve bien plus d'avantage à l'un qu'à l'autre; il est bon de faire connoistre, que si on le fait, ce n'est que par ce qu'à la fin on est demeuré

con-

AU LECTEUR.

convaincu, qu'on devoit foû-
mettre fes lumieres à celles
d'un fi grand Roi.

En effet quand on fe don-
ne bien la peine d'examiner
les chofes avec attention, qui
eft-ce qui peut douter que fa
Majefté n'ait eu raifon de
faire ce qu'elle a fait? Il eft
vrai que l'efprit fe revolte
d'abord contre ce que l'on
voit qui vient d'arriver, par
ce que ce qui faute d'abord
aux yeux, c'eft que pour rendre
grand un Cadet, on fait perdre a un ainé deux Roiaumes
& deux Provinces, avec quantité de Places qui font fur la
Co-

Côte de Toscane. Mais ce mesme esprit, tout revolté qu'il est, se trouve bientôt assujetti, quand il reconnoit que ce n'est pas tant l'ouvrage de la nature, que celui de la plus fine politique.

Il faloit, à quelque prix que ce fut, abbatre la maison d'Autriche ; On n'en pouvoit venir a bout que par là, il a donc bien falu se résoudre à se priver de cet avantage, pour ne pas perdre une occasion, qu'on ne se pouvoit pas flater de retrouver tous les jours.

Mais ne disons rien da-

van

AU LECTEUR.

vantage là deſſus ; ce n'eſt
pas dans un Avis au Le-
Éteur, qu'il ſied bien de s'
expliquer ſur des choſes de
ſi grande importance ; qu'on
ſe donne ſeulement la peine
de lire ce petit Ouvrage, &
l'on verra, que l'on n'y avan-
ce rien qui ne correſponde au
titre qu'on lui donne.

RAISONS

Qu'a eu le Roi Trés-Chrétien
de préférer le Teſtament de

CHARLES II.

Au Partage de la Succeſſion d'Eſ-
pagne. Les avantages qui lui
en reviennent. Les interêts des
Princes de l'Europe dans un ſi
grand évenement. Comme
auſſi le moien de prévenir la
guerre qui en pourroit arriver.

IL n'eſt pas difficile de juger
que le Roi Tres - Chrétien a
préféré la grandeur de ſon
petit-Fils à l'interêt apparent de
ſa Couronne , puisqu'il l'avoüe
lui - même dans le Memoire, qu'
il a fait préſenter aux Etats Ge-

ne-

heraux des Provinces Unies, par
le Cómte de Briord son Ambaffadeur Extraordinaire dans cette
Cour. Mais quand même il ne
l'avoüeroit pas, diffici!ement peut
on juger le contraire, à moins
que d'avoir des lumieres toutes
extraordinaires , & même en
quelque façon surnaturelles. Deux
Roiaumes, & deux Provinces, a-
vec les Places qui se trouvent sur
la Côte de Toscane , dont il se
prive par là, lui & ses successeurs,
font des choses qui tombent facilement sous les sens , tandis
qne les consequences que l'on
peut tirer du choix qu'il a fait ,
ne consistent que dans des spé-
culations fort incertaines, & fort
trompeuses.

Ainsi il sembleroit toûjours qu'on
auroit raison de dire que ce grand
Roi auroit en cette rencontre fait
taire la politique, en faveur de la
na-

nature, fi ce n'eſt que le nom de Grand, qui lui a été conferé avec juſtice par ſa Nation, & que les Nations étrangeres, nonobſtant leur jalouſie, ſont obligées de lui accorder elles-mêmes, fait que tout perſuadé qne l'on eſt de cette apparence de verité, l'on fait néanmoins une eſpece de violence à ſes propres ſentimens pour ſe conformer aux ſiens en quelque façon.

L'on demeure donc comme partagé entre ſes propres lumieres, & l'opinion que l'on a, que tout ce qui ſort du Cabinet d'un ſi grand Monarque, ne ſauroit être que trés-excellent ; delà vient que tous les particuliers qui ſe trouvent dans les Etats des Princes, qui ont quelque interêt à ce grand évenement, ſont non ſeulement dans une continuelle attente de ce qui en arrivera; mais en-

encore dans un mouvement per-
petuel , pour pénétrer eux - mêmes par l'étenduë de leur esprit
dans un avenir si incertain, & où
personne , pour ainsi dire , ne voit
goute.

Pour moi, voici ce que j'en pense, s'il m'est permis d'en dire mon
sentiment ; Il en arrivera cependant tout ce qu'il plaira à Dieu ,
& je ne prétens pas établir mes
conjectures pour des choses certaines, & sur lequelles il y ait à
faire un fonds asuré. Il me suffit
que je les fonde sur une espece
de bon sens, pour oser les mettre au jour ; y trouvera à redire
qui voudra, les volontés font li-
bres , & je ne m'y oppose
point.

Lors que le Roi trés- Chrétien accepta le traitté de partage , que le Roi d'Angle-
terre & les Hollandois firent, il
y

y a quelque tems, pour prévenir la guerre qui paroiſſoit comme inévitable dans l'Europe, à cauſe de l'Etat languiſſant du Roi d'Eſpagne, qui n'anonçoit qu'une mort trop prochaine; ceux qui étoient dans ſes interêts, crurent qu'il avoit fait le plus grand coup du monde, d'avoir obligé ces deux Puiſſances à s'unir avec lui, pour lui faire avoir part dans une ſucceſſion, dont Philippes 4. Roi d'Eſpagne l'avoit exclus par ſon Teſtament, & dont il ſembloit s'être exclus lui-même, par la renonciation, qu'il avoit faite en épouſant Marie Thereſe d'Autriche ſa fille aînée. Il fut lui-même dans ces mêmes ſentimens, lors qu'il ſigna ce Partage, à condition que les deux Puiſſances, qui s'en étoient mélées, le feroient valoir en tems & lieu.

Ce n'eſt pas qu'il ne fut aſ-
ſez

sez puissant par lui-même, pour
obliger l'Empereur d'y consen-
tir ; pourveu toutefois qu'il
n'eut qu'à déméler cette affaire
avec lui, & avec quelques autres
Princes d'Allemagne, que sa Majesté Imperiale tâchoit de faire
entrer dans ses interêts par toutes sortes de moïens. Cependant comme ce qui abonde ne
vitie pas, il fut bien aise de voir
ces mêmes Puissances, qui a-
voient fait ce coup, dans la volonté de soûtenir leur ouvrage ;
parce qu'il savoit que la crainte
de leur puissance, se trouvant jointe à celle qu'on avoit de la sienne
il faloit de toute necessité , que
l'Empereur, & tous les Princes,
qui prétendoient embrasser son
parti , se soumissent, en dépit
d'eux , à ce qu'ils ne pouvoient
empêcher.

Toute l'Europe dormoit ainsi

en

en repos à l'abri d'une affaire,
dont on donnoit beaucoup de
loüange à ceux qui s'en étoient
mélées, parce qu'on croioit que
s'ils n'avoient pas assuré tout à
fait par là la paix entre les Principales puissances de la Chrétien-
té, du moins en avoient-ils é-
loigné la rupture, en pourvoiant
avec tant de prudence à couper
la racine d'un different, qui é-
toit tout prêt de la causer.

Quand je parle ainsi, c'est du
moins pour me conformer au
langage du vulgaire, pendant
toutefois que les habiles politiques en tenoient bien un autre.

Car qu'on ne croïe pas que je
dise ceci après coup, & par ce
qu'il en est arrivé tout autrement
dans la suite. Il est bien vrai,
& je n'en disconviens point, qu'-
en France & en Hollande, c'étoit

la

là non seulement le langage des personnes du commun ; mais encore celui des personnes les plus distinguées ; pourquoi cela, je vous prie ? parce que dans ces deux Etats on présume non seulement beaucoup de la sagesse de leurs Souverains, mais encore de leur puissance. Il n'y avoit qu'en Angleterre, & en Allemagne, qu'on n'en parloit pas tout à fait de même ; mais par un esprit bien different.

Dans le premier de ces Etats, la jalousie que l'on portoit déja à la grandeur du Roi trés-Chrétien, faisoit qu'il se trouvoit des gens d'assez méchante humeur, pour ne voir qu'avec chagrin que le Roi d'Angleterre eut encore augmenté sa puissance par ce partage ; dans l'autre la même raison agissoit bien sur les esprits, mais il y en avoit encore

core une autre, qui rendoit la chofe des agréable.

L'on prétendoit que c'étoit ex-clurre par là la maifon d'Aûtriche d'un avantage fignalé, puis qu'en lui otant les Etats d'Italie, c'étoit lui oter en même tems, en cas qu'il lui arrivat jamais d'avoir guerre avec Sa Majefté trés-Chrétienne, non feulement le fecours qu'elle eut pû efpérer de tous les Princes qui commandent à cette belle partie de l'Europe ; mais encore les obliger bien fouvent par une fatale neceffité de fe liguer contre elle, de peur d'irriter un Prince, dont le voifinage & les forces formidables fe font porter par tout un grand refpeƈt.

Cependant comme les Princes font plus éclairés que les autres, par deux raifons; premierement, parce que Dieu envoie dés talens à chacun felon ce qui

lui

lui plait de nous faire naître; se-
condement, parce qu'à force de
manier les affaires du cabinet,
on s'en fait un tel ufage, qu'on
voit, comme d'un clin d'œil,
tout ce qui peut arriver de bon
ou de mauvais. Or comme,
dis-je, ceux que Dieu a choifis
pour commander aux autres, font
doüés d'ordinaire d'un efprit fub-
til, & pénétrant, il ne faut pas
croire, que l'Empereur raifonnât
tout à fait de même, que pouvoient faire fes fujets.

Il avoit des veües bien plus
étendües; de forte, que quand
il ne voulut pas accepter le partage, ce ne fut pas tant, parce qu'il prétendoit qu'on lui faifoit tort, que parce qu'il s'at-
tendoit que la Monarchie Efpa-
gnolle, faifant réflexion fur le
démembrement qu'il faloit faire
de fes Etats, feroit faire un Teftament

ſtament au Roi d'Eſpagne, par
lequel, après avoir proteſté contre ce prétendu partage, elle l'ap-
pelleroit lui ſeul à ſa Succeſſion.

Qui ne l'eut pas creu auſſi, eu
égard à la diſpoſition de l'Eſpagne contre la France, depuis
plus de deux Siécles? qui ne
l'eut pas creu encore, par rapport
à ce qu'on pouvoit juger des ſentimens de Sa Majeſté Catholique à l'égard du Roi trés-Chrétien? Il eſt vrai qu'ils étoient
beau-fréres, & que les liens du
ſang ne pouvoient gueres les u-
nir de plus prés; Il eſt vrai encore que Mr. le Dauphin, &
les Princes ſes enfans étoient ſes
neveux, au lieu que les fils de
l'Empereur n'étoient que les enfans de ſon Couſin germain:
Mais enfin, tout ſes Héritiers
qu'étoient Mr. le Dauphin &
ſes

fes enfans par droit de nature, n'é-
toient-ils pas le fils & les petits
fils de Louis le Grand , qui par
fes Conquêtes lui avoit fait fentir des maux encore plus cuifans,
que ceux que lui aportoient fes
infirmitez continuelles. Or s'il arrive fouvent que des particuliers
deshéritent leurs veritables héritiers, pour un feul fujet de-mé-
contentement , qu'eft-ce donc
qu'il avoit à attendre d'un Prince, qui n'en avoit pas receu un
feul de fa Majefté Trés-Chrétienne; mais bien plûtôt une infinité ? Chaque Place qu'elle lui avoit
prife , avoit été autant de fouf-
flets pour lui : Encore un coup,
qu'eft-ce que l'Empereur n'avoit
point à efpérer après cela , fur-
tout fe fondant , comme il faifoit , que la renonciation de Loüis
XIII. en époufant Anne d'Autriche , & celle du Roy d'aujour-
d'hui

dhui en épousant la Reine sa femme, rendoient inhabiles tous les Princes qui étoient sortis des deux Infantes à la succession de Sa Majesté Catholique?

Voilà ce qui rendoit l'Empereur si déterminé à ne point accepter ce partage : Cependant les Italiens, qui en matiere de politique en savent bien autant que toutes les autres Nations de l'Europe disoient tous les jours, en ne pouvant approuver, qu'on eut ainsi partagé les Etats d'un Prince vivant, & encore qu'on le lui eut signifié à lui-même, en parlant à sa propre personne ; qu'on verroit d'étranges choses d'un coup si inoüi. Ils disoient même que c'étoit mettre les Espagnols dans une necessité absolüe de donner leur Couronne à la Maison de France, pour éviter son démembrement: que cela ne se pouvoit pas même autrement,
puis-

puifque quand elle la donneroit
à l'Empereur, il n'étoit pas en
état de s'en prevaloir, maintenant qu'il avoit en tête non feulement le Roi Tres - Chrétien. ;
mais encore le Roi d'Angleterre
& les Hollandois, que ces deux
Puiffances étoient prefque auffi
confidérables que celle de fon
principal ennemi, d'où l'on pouvoit juger que fes affaires iroient
mal , aiant à faire à fi fortes
parties.

Voila ce que je foûtiens, que
je ne dis point après coup; puifqu'il y a plus de fix mois , que
m'étant trouvé en compagnie a-
vec l'Abbé Negroni , il me dit
avoir oüi foutenir cette thefe devant Monfeigr. le Grand Duc,
& même avec de fi puiffantes
raifons , que chacun avoit été
obligé de caler la voile devant
celui qui parloit

Ce

Ce n'a donc pas été un coup si impréveu, qu'on le diroit bien pour bien des gens que le Testament de Charles II. en faveur du Duc d'Anjou ; mais c'en est un tout à fait incomprehensible pour quelques uns , & tout à fait écrasant pour d'autres, que l'acceptation que Sa Majesté très-Chrétienne en a faite.

Et en effet pendant que les uns croient, que pour l'avantage de sa Couronne, elle eut bien mieux fait de s'en tenir au partage, les autres s'imaginent que la voilà déja maîtresse de l'univers, maintenant que la France & l'Espagne ne feront plus, pour ainsi dire, qu'un seul Roiaume.

Il semble même , que toutes les puissances interessées dans ce grand évenement , soient plutôt du dernier sentiment , que du premier, par la quantité de cou-

B   riers

riers qu'elles s'envoient les unes aux autres.

Ce ne font que confeils fecrets. Depuis cette grande nouvelle, ce ne font que meffagers en campagne.

A quoi cela aboutira t'il donc, fera-ce à la paix, ou à la guerre ? Mais pourquoi à la guerre ? tous les peuples, de quelque nation qu'ils puiffent être, n'en font ils pas affés las.

Excepté ceux, qui n'ont rien à perdre, & rien à efpérer, qu'en mettant le feu, pour ainfi dire, aux quatre coins, & au milieu de l'Europe, je n'en vois point qui la fouhaitent ; tous l'appréhendent au contraire, parce que le mal qu'elle leur a caufé, eft encore trop récent pour en avoir perdu fi tôt la memoire.

Qui eft-ce donc qui la veut, eft-ce le Roi trés-Chrétien, ou

le nouveau Roy d'Espagne ? Il
n'y a nulle apparence , que ce
soit ni l'un ni l'autre. Sa Majesté Trés-Chrétienne a trop fait
voir par la derniere paix qu'elle a faite, au milieu de ses conquêtes, & de ses victoires, qu'elle n'en vouloit point absolument:
quant au Roi d'Espagne, peut-être
la voudra-t-il quelque jour, parce
qu'il est naturel à un jeune Prince
d'aimer la gloire, & de rechercher toutes les occasions qui lui
en peuvent procurer, mais il n'est
pas encore Roi, pour ainsi dire,
& d'entreprendre la guerre avant
que de se voir affermi, ne seroit-
ce pas pêcher contre la politique:
Qui est-ce donc qui la veut? sont-
ce les Anglois ou les Hollandois?
A l'égard de ceux-ci, l'on sait
bien, que pourveu qu'on n'attente point à leur liberté, ni à leur
commerce, c'est à quoi ils n'ont

gar-

garde de songer, ils ne deman-
dent que la paix, & ne souhai-
tent rien autre chose. A l'égard
de ceux-là ils se ressentent encore trop de la derniere guerre, pour
y vouloir retomber si-tôt.

Qui est-ce donc, encore une
fois, qui la veut ? est-ce l'Empereur, dont les conquêtes en
Hongrie sont encore si mal affer-
mies, qu'il a besoin d'une longue paix, avant que de s'en pouvoir dire le paisible Possesseur.
Ouï c'est lui, nonobstant qu'il
ne le puisse faire sans péril, puis
qu'il est vrai-semblable de dire
que les Turcs qui doivent porte
le nom d'Infidéles, aussi-bien
l'égard des traités qu'ils ne se sou-
cient gueres d'enfreindre, lor
qu'ils en trouvent une occasio
favorable, qu'a l'égard de leu
croïance, sont toûjours au gue
pour voir, s'ils ne pourroien
poin

point ratraper ce qu'ils ont per
du durant la derniere guerre.

Ouï encore une fois, c'eſt lui,
qui nonobſtant tout cela, ne ſauroit ſouffrir ce qui ſe paſſe aujourd'hui ſans eſſaier, s'il ne s'en
pourra point faire faire raiſon par
la voïe des armes.

Mais enfin, quoi qu'il veuille
ainſi la guerre, il n'y a pas d'apparence, qu'il ſonge a l'entreprendre tout ſeul. Il connoît trop
les forces de ſa Majeſté Trés-
Chrétienne, pour oſer s'y frotter ſans un puiſſant ſecours; mais
d'où lui viendra t-il, je vous prie?
c'eſt ce que nous allons examiner dans un moment.

Je ſai bien qu'on me répondra tout auſsi-tôt, quil lui en
viendra d'une infinité de puiſſances, qui ont lieu d'être ja-
louſes de la grandenr du Roi Trés-
Chrêtien; mais il faut voir ſi c'eſt

là une raison suffisante pour leur faire prendre les armes, & si l'on ne trouvera point moien de les mettre à couvert de la crainte qu'elles en peuvent avoir.

C'est ce que, comme nous venons de dire, nous examinerons dans un moment, & cela sans aucune passion, ni sans aucun préjugé.

Cependant si l'on fait voir que toutes ces Puissances, malgré toutes leurs allarmes se peuvent mettre aisément a l'abri de toutes les suites qu'elles en apprehendent, n'est-il pas vrai de dire, que l'Empereur aura beau crier qu'on lui arrache une grande Succession, sur laquelle il comptoit pour l'établissement de l'Archiduc Charles, & pour la gloire de sa maison, il vaudroit autant qu'il se tût, que de ne point avoir de meilleures raisons à donner ner

ner ? Mais en a t-il quelqu'u-
ne? ouï il en a, & c'eſt cette jalouſie, dont je viens de parler
tout préſentement ; ouï c'eſt cette jalouſie, que les Etats voi-
ſins conçoivent depuis quelque
tems de la grandeur de Sa Majeſté Chrétienne , & de cette
haute réputation, où elle s'éléve
tous les jours de plus en plus.
Ainſi juſques à ce qu'on trouve
moien, ou de donner des bornes à ſa puiſſance, ce qui a bien
la mine de ne pas arriver encore ſi-tôt, ou qu'elle veuille bien
elle même, en veüe du repos de
l'Europe, aſſurer ceux qui ont le
plus ſujet d'en concevoir de l'-
ombrage par quelque expédient
ſalutaire , il eſt ſans difficulté
qu'on en doit toûjours appréhender de funeſtes effets. Ce
grand Prince a pour ſa deviſe le
ſoleil; mais je ne trouve pas qu'il

lui

lui convienne en aucune façon,
du moins par la raison que je
vai dire ; le soleil en commen-
çant sa course, ou pour mieux
dire à son lever, jette des raions
que la veüe du monde la plus per-
cante ne sauroit soûtenir ; quand
il la finit, ou qu'il se couche,
tout cela se ralentit insensible-
ment ; de sorte que quand il est
prêt, pour me servir du langage
des Poëtes, de s'aller reposer
dans la mer, il brille alors si peu,
q̃ les yeux les plus foibles peuvent contempler sa lumiere, sans
craindre autrement de s'en trouver ébloüis ; au reste le soleil de
la France, qui est le Roi, a paru
au contraire tout obscurci à son
lever, au lieu que maintenant
qu'il tend à son couchant, puis
qu'un homme à soixante & trois
ans, n'est plus jeune, & sur tout
un Prince qui a autant travaillé
qu'à

qu'a fait fa Majefté , principalement durant tout le cours de
la derniere guerre; au refte, dis-je,
le foleil qui luit fur nos têtes,
a cela de propre, qu'il jette des
raïons qui ébloüiffent à fon lever, & que lors qu'il fe couche,
ils viennent à fe ralentir; au lieu
que quoi que le foleil de la France tende maintenant à fon couchant, il jette un feu fi vif, & fi
perçant, qu'il n'y a perfonne qui
ofe le regarder fans être obligé de baiffer les yeux en même
tems.

Et cela eft fi vrai, que quoi
qu'on ne foit pas en lieu de le
contempler face à face, pour voir
fi cela eft veritable ou non, il n'y
a qu'à faire réflexion à une chofe, pour convenir bien-tôt de
cette verité.

Qu'on compare un peu les
années 1647, 1648, 1649, 1650
B 5   1651

1651, 1652, & deux, ou trois autres années suivantes, avec l'année 1672, & toutes celles qui se sont écoulées depuis. N'aura t-on pas lieu de s'écrier tout aussi-tôt quel changement n'est-il point arrivé à l'égard de ce Monarque , & qui eut pû deviner ce que l'on voit aujourd'hui, par rapport à ce qui se passoit en ce tems-là ? En ce tems-là , les Espagnols se firent voir aux portes de Paris, ou peu s'en faut , & jetterent la terreur & l'effroi par tout le Roiaume , Il n'y avoit point d'ailleurs de si petite Noblesse en France, qui ne se donnat la liberté de tout dire , & de tout faire , jusques à porter les armes contre son Souverain ; dans celui-ci, qui est je ne dis pas le plus grand Seigneur; car cela ne seroit pas encore grand' chose , puis que leur credit n'a jamais été si loin que l'on diroit

roit bien ; mais qui est le Prince
du sang, dont la queüe a coûtume d'être bien plus longue , qui
ose lever les yeux devant Sa Majesté ? Monsieur n'est-il pas aussi
de ce nombre,'tout frére du Roi
qu'il puisse être ? Ressemble t'il
au feu Duc d'Orleans, qui étoit
l'esprit le plus broüillon qu'il y
eut dans tout le Roiaume sous
le regne du feu Roi , & sous le
commencement de celui de Sa
Majesté ? Monseigneur même
ose t'il se donner la moindre liberté, lui qui est l'héritier de la
Couronne, & qui marche sur sa
quarantiéme année ?

Mais cela n'est pas étonnant ,
me dira-t on, & même si les choses se passoient autrement, elles
ne seroient pas bien. On ajoutera aussi sans doute , que quand
tous ces Princes, & tous ces
grands Seigneurs portent ainsi
res-

respect à Sa Majesté, ils ne font
que ce que leur devoir les oblige de faire. J'en conviens, &
n'ai garde de dire le contraire,
puis que je parlerois non seulement contre mon sentiment,
mais encore contre la raison;
mais enfin fait-on toûjours ce
que l'on devroit faire, & si on
le faisoit, les tems fâcheux, dont
je viens de parler, fussent-ils jamais arrivés ? Qu'est-ce donc
qui est étonnant, c'est que toutes les Puissances voisines soient
presque à l'égard de Sa Majesté, ce que ses peuples sont à son
égard, du moins si elles ne trem-
blent pas devant elle, toûjours
est il vrai de dire que sa grandeur leur est tellement suspecte,
que leur repos en est comme
interrompu. Sa Majesté a t-elle
tort dans le fonds de faire ainsi
trembler les uns, & d'imprimer

aux

aux autres quelque forte de refpect pour fa Puiffance? Gardons
nous bien de le dire, & difons
bien plutôt qu'il n'y a perfonne
à fa place, qui ne fut bien aife
d'en faire autant.

Mais outre qu'il n'a pas été donné à tout le Monde d'avoir un
Roiaume auffi puiffant que le fien
pour accomplir fa volonté, il
n'a pas été donné pareillement à
chacun les talens qu'il faut avoir
de toute neceffité pour fe rendre
ainfi redoutable, tant à fes peuples, qu'à fes voifins. D'Ailleurs il a falu que Dieu lui ait
donné un Regne de tant d'années,
pour pouvoir faire pied à pied,
tout ce qu'elle a fait.

Elle n'a eu garde de vouloir
voler tout d'un coup, fans avoir
des aîles, & fi le Roi Jaques s'y
fut pris comme elle pour parve-
nir à fes grands deffeins, peut-
être

être seroit-il encore aujourd'hui
sur le Thrône: Auſſi quelque Puiſſance qu'eut Sa Majeſté trés-
Chrétienne, elle ne pouvoit accomplir tant de merveilles tout
d'un coup; il faloit d'un autre
côté que Dieu lui aidat &, c'eſt
ee qu'il a toûjours fait tout viſi-
blement.

Car je voudrois bien qu'on me
dit, ce qui ſeroit arrivé ſans cela, lors que Sa Majeſté aiant
dans ſon Roiaume tant de méchans François, quoi que de la
Religion Catholique, tant de nouveaux convertis à la dragonne,
& toute l'Europe declarée contr'-
elle, elle avoit encore ſur ſes côtes une armée navale d'Anglois,
& de Hollandois, capable de
faire trembler les plus réſolus,
& outre cela l'ennemi tout au
milieu du Dauphiné.

Il n'y avoit pas loin de là dans
le

le Vivarets, ou tout fourmilloit
non seulement de gens de la Religion, mais encore de disciples
de *Roure*.

L'On sait ce qu'il y fit, il y a
trente ans au milieu de la paix,
& que sans naissance, sans ap-
pui, sans intelligence avec les
Provinces voisines, & encore
moins avec les étrangers, il fut
si hardi que d'y faire revolter dix
ou douze mille hommes. Il poussa même son effronterie si loin,
qu'il osa s'en declarer le Général,
& attendre en plaine campagne
les troupes Roiales, qui venoient pour le punir de son cri-
me

Qui est-ce donc qui préserva
le Roi dans tous ces tems fâcheux; je ne dis pas par rapport
à ce miserable rebelle, qui ne
cherchoit par là qu'à se faire
roüer, comme cela lui étoit tout
iné-

inévitable , mais par rapport à
tant de Princes liguez contre Sa
Majesté , & à tant de méchans
sujets qui étoient dans le cœur
de son Roiaume ; qui est-ce
donc , dis je , qui le préserva
de toutes les malheureuses suites , qu'il sembloit que cela dût
avoir , sinon Dieu, qui tout vi-
siblement , comme j'ai déja dit,
la toûjours pris en sa protection ?
Aussi ne fut il pas appellé *Dieu*
donné pour rien au moment de
sa naissance , nom qui lui con-
venoit parfaitement bien , non
seulement par rapport à ce qu'il
étoit venu au monde après plusieurs années de sterilité de la
Reine sa Mére, mais encore de
la manière que le feu Roi avoit
été voir cette Princesse , à laquelle il ne songeoit pas un moment auparavant, dû moins pour
aller passer la nuit avec elle. Car
il

il faut ſavoir que le jour qu'il
fut conçeu, ce Prince étoit parti
de St Germain en Laye, pour s'en
venir dans un couvent à Paris,
ou il y avoit une Dame que le
bruit étoit qu'il ne haïſſoit pas
quoi que ſon foible ne fut pas
celui du beau ſexe.

Il faut ſavoir auſſi, qu'il n'avoit
nul deſſein d'aller voir la Reine,
qui étoit au Louvre, & qu'il
comptoit tout au contraire de s'en
retourner à St. Germain, d'abord
que ſa viſite ſeroit faite. Mais étant
ſurvenu quelque choſe d'impréveu, que je dirois bien ſi je vou-
lois, cela l'obligea de changer de
ſentiment.

Or ce quelque choſe d'im-
préveu, n'arrivoit que par la per-
miſſion de Dieu, qui vouloit donner un Héritier à Sa Majeſté,
& un Prince à la France, qui en
avoit bon beſoin, pour empêcher

cher les brigues qui se faisoient
continuellement dans l'Etat, faute que la Reine eut des enfans.
Voila comment Dieu disposa les
choses pour le contentement du
Roiaume, & si je laisse encore une
espece de voile, à une chose de si
grande consequence, puis que je
me tais sur beaucoup de circon-
stances , qui regardent un sujet
si curieux, c'est que je le laisse
a développer à ceux qui écriront
l'histoire de Loüis le Grand,
pourveu qu'ils en soient capables
néanmoins. Tous ceux qui se mélent d'écrire ne savent pas toûjours tout ce qui se passe, c'est
pourquoi il y a aussi une infinité
de livres qui nous débitent quantité de fables , comme si c'étoient des verités. Mais comme ce
n'est pas là mon affaire, & même que j'eusse pû, si j'eusse voulu , me passer de rapporter ce
grand évenement je veux bien

que l'on fache , que fi je l'ai fait,
ce n'eft que parce que l'occafion
s'en eft rencontrée par hazard.
Je me fuis embarqué infenfiblement à dire que Dieu avoit toûjours pris le Roi en fa protection,
& même d'une maniere toute vi-
fible, j'ai paffé de là à conclurre
qu'auffi n'avoit il pas été appellé
Dieu donné pour rien , & enfin
après avoir pofé cela pour thefe
j'ai été bien aife de le prouver.
Maintenant que cela eft fait , il
ne me refte plus qu'à en revenir
à mon fujet, puis que de m'en
écarter d'avantage, ce ne me feroit peut-être pas une marque
de grand jugement.

Ainfi comme il n'y a que trop
de critiques dans le monde,
qui pourroit m'affurer qu'on n'y
trouvat pas à redire ? Or puis
qu'il s'agit donc d'y revenir, vo
ions fur quoi l'Empereur fonde

fes

les prétentions, & tout ce qui
en peut arriver selon l'étenduë du
petit jugement, que Dieu peut
m'avoir donné.

L'Empereur prétend deux choses aujourd'hui, l'une qu'il soûtient incontestable, l'autre sur
laquelle il ne paroit pas insister
tout à fait si fort, parce qu'apparemment, il a peur qu'elle ne
semble un peu plus problematique, à ceux qui se donneront
la peine de l'examiner.

Cependant il ne laisse pas toûjours de la mettre en avant, parce qu'il est bon, quand même
cela ne seroit pas du goût du
public, de fortifier son droit de
tout ce qui peut venir à la pensée.

La premiere est que la Duché de Milan étant un fief mas-
culin, elle lui est devoluë de plein
droit, parce que le Roi d'Espagne

gne étant mort fans enfans, Philippes V. aujourd'hui fon Succeffeur n'y peut prétendre aucunement, ne venant des derniers Rois d'Efpagne, que du côté de fa Grand' Mére, qui étoit Sœur du dernier Roi.

La feconde, que le teftament de Charles II. fait en fa faveur, eft infoutenable, parce qu'il n'a pas été permis à ce Prince, pour faire tort à l'Archiduc fon Fils, appellé a la Succeffion de fa Couronne par le droit naturel, & par le teftament de Philippes IV. fon Pére, d'annuller la renonciation que fit Loüis le Jufte, en époufant Anne d'Autriche, ni celle que fit Loüis le Grand, lors qu'il époufa Marie Therefe d'Autriche.

Voila deux grands points, qui feroient bien confidérables, fi l'on n'y pouvoit répondre.
Mais

Mais comme il se fait tous les
jours des procés, ainsi qu'il se
dit d'ordinaire, même jusques
sur la pointe d'une aiguille, c'est
à dire lors qu'il semble qu'il n'y
a nulle raison pour en faire, ni
même aucune apparence, comment ne pourroit-on pas aujour-
d'hui mettre ces deux prétentions en avant, puisque, si l'on
demande à tous ceux qui sont
partisans de la Maison d'Autriche, ce qu'ils en pensent, ils
vous répondront tout aussi-tost
qu'elles leur paroissent non seulement bien fondées, mais encore incontestables? J'ai bien peur
cependant, que malgré toute
leur prévention, le Roi trés-
Chrétien, & le nouveau Roi
d'Espagne, ne se montrent pas
si crédules, qu'ils le peuvent ê-
tre, & qu'ainsi cette haute opinion, qu'ils ont du bon droit

de

de Sa Majefté Imperiale , ne s'en aille bien-toft en fumée.

Premiérément à l'égard de la Duché de Milan , fi nous nous donnons la peine de remonter à la fource , comme les deux Rois ne manqueront pas d'y vouloir remonter , puifque cela paroit jufte & raifonnable ; ne verra-t-on pas en même tems, que fi les Rois d'Efpagne l'ont poffedée depuis prés de deux Siécles, ce n'a jamais été qu'en vertu d'un traité , contre lequel la France a toûjours eu d'autant plus de droit de reclamer, qu'il eft infoutenable, même de la connoiffance de tous ceux qui ont toûjours été le plus paffionnés pour les interêts de la Maifon d'Autriche. Ce ne fut que par le traité de *Pavie*, que François premier la ceda a l'Empereur Charles V. or ce traité ne fe fit que par un Roi

pris

prisonnier dans une bataille, actuellement dans les fers de son ennemi, lors que la signature en
fut faite, & par consequent nul
de toute nullité.

D'où il s'ensuit qu'on n'y doit
avoir non plus d'égard, que s'il
n'étoit jamais arrivé, du moins
si l'on veut s'en rapporter au
droit établi chez toutes les nations.

Ainsi s'il arrive, que l'Empereur se mette en état de faire valoir sa prétention, ce sera alors
que le Roi trés-Chrétien sera en
droit de demander aux Puissances, que Sa Majesté Imperiale
tâchera d'engager dans ses interêts, qu'elles se donnent la peine d'examiner à qui cette Duché appartenoit de droit, lors
que Charles V. s'en empara. Au
reste il ne paroit pas que cet exa-
men tourne jamais à l'avantage
de

-de l'Empereur, puifque quelque
tour qu'on y puiffe donner, il
fera aifé au Roi de faire voir fi
clairement, qu'il n'en reftera aucun doute dans l'efprit, qu'elle
appartenoit alors à la France, &
non pas à l'Efpagne, ni à l'Empire.

Il y a tant d'hiftoriens qui ont
écrit tout ce qui fe paffa du
tems de ces fameux démelés, &
tout ce qui en fut caufe, que je
ne m'amuferai pas ici à le vouloir rapporter.

On m'accuferoit peut-être, fi
je le faifois, de ne chercher qu'à
broüiller du papier inutilement;
c'eft pourquoi j'y renvoie ceux
qui ne le favent pas, & qui feront bien aifes de s'en éclair-
-cir.

Je les renvoie fur tout aux ma-
ximes & interêts des Princes de
Mr. le Duc de Rohan, principa-

C   le-

lement, s'ils veulent voir le fait
éclairci en peu de mots. Que si
l'on veut dire, comme aussi il me
semble, que c'est-là le langage
des partisans de Sa Majesté Imperiale, que ce n'est pas en qualité d'Héritier du Roi d'Espagne, qu'elle prétend cette Duché, mais comme étant un fief
devolu à l'Empire par l'extinction
d'hoirs mâles provenus du corps
de Charles V. son premier possesseur ; en verité le Roi trés-Chrétien n'aura t-il pas raison de répondre à cela, que l'Empereur,
& ceux qui depuis Charles V.
ont été assis sur le trône Impe-
rial, ont attendu longtems à faire valoir cette prétention. Et il
aura dautant plus de lieu de faire cette réponse, qu'il y a déja
long espace d'années que cette
Duché est non seulement tombée
en quenouille, mais qu'elle est même

me paſſée juſques à des bâtards,
faute que les derniers Ducs de
Milan euſſent laiſſé des enfans
mâles.

Peut-être, me répondra-t-on,
que c'eſt de là d'où vint la querelle entre l'Empereur Charles V.
& François I. parce que l'un prétendoit en être legitime Héritier, à cauſe de *Valentine de Milan*, & que l'autre ſoutenoit dés
ce tems-là que c'étoit un fief devolu à l'Empire, & par conſequent qui lui devoit appartenir,
mais ſi c'étoit un fief devolu à
l'Empire, pourquoi Ferdinand
& ſes Succeſſeurs ne l'ont ils pas
poſſedé, & que ça été la maiſon
d'Autriche d'Eſpagne? Où eſt
l'inveſtiture que Charles V. en
ait donnée à Philippes II. pour
en transmettre ſeulement la poſſeſſion à ſa poſterité maſculine.

L'on voit au contraire par les

archives d'Espagne que cette investiture a été donnée indefiniment à tous les Héritiers de la Couronne; ainsi si cette Duché est possedée aujourd'hui par l'Espagne en vertu de cette investiture, c'est à Philippes V. qu'elle appartient, ou si Charles V. la gardée par droit de conquête, ou pour mieux dire par le traité de Pavie, & que ce traité soit bon, elle est aussi transmise de plein droit à celui qui est aujourd'hui son veritable Héritier, & c'est Philippes V. Roi d'Espagne ; mais si ce traité est mauvais, & qu'il en faille revenir à la bonne foi, elle appartient au Roi trés-Chrétien, comme Héritier de *Valentine de Milan* ; ainsi de quelque côté que l'on puisse tourner cette affaire, elle ne paroit aucunement avantageuse à l'Empereur ; outre qu'il

y

y a un certain axiome dans le droit, qui dit *poſſeſſio valet* c'eſt à dire, que la poſſeſſion ſert de beaucoup, & quelle vaut comme un tître.

Or le nouveau Roi d'Eſpagne tient cette Duché, & ſi les troupes Eſpagnoles qui y étoient, ne ſont pas capables de la défendre, il y en paſſe actuellement de France., qui ne ſauroient manquer qu'elles ne la mettent en ſeureté.

A l'égard du teſtament de Philippes IV. s'il a été permis à ce Prin. de diſpoſer de ſes Roiaumes par un acte de derniere volonté, comme le prétendent tous ceux qui ſont dans les interêts de Sa Majeſté Imperiale, pourquoi n'aura t-il pas été permis à Charles II. de faire la même choſe? Or un dernier teſtament annullé tous ceux qui ont été faits au-

C 3 para-

paravant ; c'eſt un uſage établi par le droit, & contre lequel il n'y a rien à alleguer.

D'Ailleurs le conſentement des peuples, qui intervient à l'égard de ce dernier teſtament eſt la meilleure forme dont il puiſse être revêtu.

C'eſt auſſi ce qui le methors de toute atteinte, & même qui le doit mettre en quelque façon hors de toute conteſtation.

Il ne s'agit donc plus que de faire attention ſur la renonciation de Loüis le Juſte, & ſur celle de Loüis le Grand, qui à proprement parler ne ſont toutes deux qu'une même choſe ; c'eſt à dire, quant aux coups qu'on leur ſauroit porter, parce que ſi l'on eſt aſſés habile pour pouvoir impugner l'une, l'autre tombe d'elle même tout auſſi-tôt.

Mais

Mais fans m'embarraſſer dans cette queſtion, qui ne me convient nullement, parce que ce n'eſt pas là mon métier; ne peut-on pas dire, que ces deux renonciations ne doivent être regardées, que comme une chimere, comme le dit du moins Charles II. dans ſon teſtament, en parlant de celle de Loüis le Grand ? Il eſt vrai que le Prince s'en explique en d'autres termés ; mais quoi que ce ſoient d'autres paroles, c'eſt toûjours la même ſignification.

Cependant quand il ne s'en expliqueroit pas ſi formellement, ne reconnoit-on pas bien d'ailleurs, que ç'a toûjours été là la penſée de toutes les perſonnes qui ſe mélent de juger des choſes ſans préoccupation ? N'a-ce pas été auſſi celle du Roi d'Angleterre, & des Etats Gé-

néraux

néraux des Provinces Unies, puis
que fans cela ils n'euffent jamais
adjugé eux mêmes une partie de
cette Succeffion au Roi trés-Chrétien, comme ils faifoient par le
partage? l'euffent il fait, je vous
prie, s'il n'y eut eu aucun droit?
Il n'y auroit pas de raifon de le
dire, ni encore moins de le penfer, puis qu'outre que la juftice
ne le vouloit pas, fuppofé toutefois que fa renonciation fut
bonne, ils avoient affés de fujet
eux mêmes de craindre fa Puiffance, pour fe bien garder d'ê-
tre encore les premiers à l'augmenter.

Mais, me dira t-on, c'eft
qu'ils appréhendoient juftement
ce qui eft arrivé aujourd'hui;
c'eft qu'ils appréhendoient, disje,
que les Efpagnols n'élévaffent
fur le Trône un des petits Princes enfans de Mr. le Dauphin, &
qu'ils

qu'ils le voulòient empêcher à quelque prix que ce fût.

Méchante raiſon que celle-la, & dont il eſt impoſſible de ſe païer, pour peu de bon ſens que l'on ait.

Quelque appréhenſion qu'ils en puſſent avoir, elle ne pouvoit les authoriſer à donner le bien à qui il n'appartenoit pas. D'Ailleurs les Eſpagnols n'euſſent jamais ſongé à donner leur Couronne au Duc d'Anjou, ſans le demembrement de leur Etat, dont ils étoient menacés ; auſſi n'a-ce pas été là le motif qui a fait agir ces deux Puiſſances, du moins ſi l'on en doit croire le bruit commun, leur unique but a été de prévenir la guerre, qui paroiſsoit comme inévitable, ſi le Roi trés-Chrétien ſe trouvòit privé d'une Succeſſion, qui lui appartenoit ſi legitimement, ou

du

du moins à Mr. le Dauphin. Au
reſte c'eſt à cela que je ſous cris,
& non pas à l'autre, & même je
crois de bonne foi qu'elles n'ont
point eu d'autre raiſon en faiſant
le partage.

Cependant, quelque penſée que
j'en puiſse avoir, ni quelque penſée auſſi qu'en puiſsent avoir les
autres, ſe mettra t-on en tête qu'il
ne ſoit entré un eſprit de Juſtice
dans tout ce procedé.

Tout ce que ces deux Puiſsan-
ces en ont fait, ne peut-être
regardé, comme je viens de
dire, que comme un effet de leur
droiture, qui à marché d'un pas
égal avec leur ſage précaution.
Elles ont reconnu le bon droit
de Sa Majeſté trés-Chrétienne,
bien plutôt qu'elles n'ont appré-
hendé ſa Puiſſance, quelque
grande qu'elle peut-être. Elles
y avoient donné une eſpece de
bor-

bornes par la ligue qu'ellesavoient
fait dans la derniere guerre. Il
ne leur étoit donc pas impoffible
de refaire cette ligue, & même
de la rendre encore plus puiffante, par rapport à l'intereft que
tous les Souverains fembloient
prendre à ce qui fe paffoit.

Quantité de Princes, qui n'a-
voient pas voulu entrer dans la
premiere, comme les Princes
d'Italie, & le Roi de Portugal,
feroient peut-être entrés dans
celle-là, parce que la chofe fem-
bloît les regarder de plus prés;
ainfi, quelque puifsance qu'eut
le Roi trés-Chrétien, il eut peut-
être fongé à deux fois, avant
que de recommencer la guerre,
quand il eut confidéré ce qui eut
pû lui en arriver.

Il y eut même fait d'autant
plus de réflexion, que fes peuples ne font pas encore bien re-

mis

mis des charges , qu'il leur à
falu fupporter pour lui donner
moïen de foûtenir la derniere,
avec le fuccés qu'il y a toûjours
eu , nonobftant le grand nombre d'ennemis à qui il a eu affaire.

Ce n'a donc été , comme je
viens de dire, que par un efprit
de Juftice , que ces deux Puiffances ont crû devoir lui adjuger une partie , de ce qu'ils croioient lui devoir appartenir en
entier.

Cependant comme cetre pa-
role pouroit bien être relevée, &
que quelqu'un pourra dire peut-
être, de quel efprit de Juftice,
nous veut-on donc parler là?
Si le Roi d'Angleterre , & les
Hollandois reconnoiffoient,com-
me l'on prétend, que la fucceffion d'Efpagne appartint legitimement à Mr. le Dauphin,
bien

bien loin de faire un acte de Justice, comme on ose l'avancer. ici, quand ils la partageoient, ne se feroient-ils pas au contraire. montrés bien injustes, puis qu'au lieu de lui donner la Succession. toute entiere, ils lui en otoient. la meilleure partie.

Or je suis bien aise de me faire cette objection à moi même, pour aller au devant de celles qui me pourroient être faites dans la suite ; je suis bien aise, disje, en y répondant moi même, devant que d'y être obligé, de couper cours par là à toute dispute.

Aussi est-ce le moïen d'empêcher le triomphe, qu'on voudroit peut-être s'attribuer soi-même, si l'on voioit que j'eusse donné cette prise sur moy, sans y remedier en même tems. Oüi je conviens, que supposé que le

Roi d'Angleterre, & les Hollandois euſſent été perſuadés, comme je viens de dire, de la cauſe
de Mr. le Dauphin, ils auroient
agi contre leur propre connoiſſance, & même auſſi contre leur
conſcience, de ne lui adjuger
que ſi peu de choſe, en comparaiſon de ce qu'il lui faloit, mais-
ſi cela s'eſt fait, comme il eſt
du ſceu de tout le monde, du
conſentement même de Sa Majeſté trés-Chrétienne, & de Mr.
le Dauphin, quelque connoiſſance qu'il euſſent du bon droit
du dernier, qui eſt-ce qui oſe
dire qu'ils aient commis en cela
aucune injuſtice?

Mais comment, me dira t-on
d'un autre côté, puis que les affaires ſont aujourd'hui ſi embroü-
illées, pourra t-on les deméler ?
l'Empereur arme; ſes brigues ſont
déja faites chez les principales
puiſ-

puiſſances de l'Empire ; le Roi d'Angleterre eſt mécontent, de ce que le Roi trés-Chrétien à accepté le teſtament, au préjudice du partage, les Hollandois ne s'en trouvent pas moins ſcandaliſés ; toutes les autres Puiſſances en conçoivent auſſi de l'ombrage.

Elles ne voient qu'à regret, que deux Etats qui étoient autrefois ſi oppoſés l'un à l'autre, que non ſeulemènt ils ne ſe pouvoient ſoſurir, mais qu'ils euſſent voulu encore s'entre manger pour ainſi dire, ſoient aujourd'hui dans une union ſi intime, que quoi qu'on ſe puiſſe imaginer qui la puiſſe rompre, il eſt eſt maintenant impoſſible de s'en flater, à moins que de chercher à s'abuſer ſoi même.

Enfin toute l'Europe eſt non ſeulement attentive à ce grand évene-

évenement , mais s'y intereſſe
encore d'une maniere ſi forte,
que les uns ſe liguent déja avec
l'Empereur , tandis que ſi les
autres ne l'ont pas fait encore
juſques-ici , ce n'eſt que pour
s'en faire acheter plus chere-
ment,

Au reſte me dira t-on, comme je viens tout à l'heure de
dire , comment deméler cette
fuſée, & ne ſera ce point ici le
nœud gordien , où il faudra
l'épée d'Alexandre pour le déno-
üer ? L'on entend bien ce que je
veux dire par cette épée, & que je
prétends demander par là , s'il
ne faudra point avoir recours à
la guerre pour ſortir de ce labirinte.

Mais ai-je autre choſe à répondre à cette demande ſinon
qui eſt-ce qui peut dire cela ?
Cela n'eſt ni moi, ni un autre
com-

comme moi, ni même des gens
un peu plus haut huppés que je
ne suis.

Ce secret est reservé aux puissances ; encore peut-être n'en
savent elles rien elles mêmes jusques à present, au moins la plûpart d'entr'elles.

Cela ne depend que du succés
de bien des intrigues, & d'un
autre côté de ce que les parties
interessées apporteront de plus
ou de moins pour conserver le
bien de la paix.

Mais s'il m'est permis, pour
pénétrer dans l'avenir, de me
servir de certaines conjectures,
que je tire du passé, il me semble qu'on n'aura que faire de
l'épée d'Alexandre, pour venir
à bout de cette affaire. Mais a-
vant que de passer outre, & de
dire ici ce que j'en pense, con-
sidérons un peu quels peuvent ê-
tre

tre les interêts des Princes de
l'Europe dans la conjonĉture pre-
fente, & en même tems le parti
que la Politique montre qu'ils
pourront embraſſer.

Commençons par le plus grand
corps ſans contredit, qui eſt
l'Allemagne, & celui qui feroit
fans doute le plus puiſſant, s'il
uniſſoit toutes ſes forces contre
l'ennemi qu'il pourroit avoir en
tête.

Mais comme les interêts des
Princes, qui le compoſent, font
bien differens les uns des autres,
en ſorte qu'il femble que ce ſoit
aſſés que l'un veüille une choſe,
pour que l'autre en veüille une
autre ; comme d'ailleurs l'Empereur à ſes veuës, & que les E-
leĉteurs, & les autres Princes de
l'Empire ont les leurs, qui font
toutes oppoſées aux ſiennes. Il ne
faut pas s'attendre, que quoi
qu'ils

qu'ils foient tous membres d'un même corps, dont l'Empereur est la tête en quelque façon, il y ait jamais entr'eux une union parfaite.

Les differentes Religions qui y regnent fomentent auffi cette divifion, parce qu'où il y a diverfité de croiance, difficilement peut-on s'empécher qu'il n'y ait quelque jaloufie, fur tout dans un tems comme celui-ci, ou tous les Princes, comme à l'ennui les uns des autres, s'efforcent de témoigner leur zele, en faifant la guerre à la Religion qui eft oppofée à la leur.

D'Ailleurs l'évenement, dont il s'agit ici, va oter bien du credit à l'Empereur parmi quelques Princes de l'Empire. outre qu'il eft arrivé depuis quelque tems en ça des chofes de fi grand poids dans l'Europe, que felon tou-

tes

tes les apparences du monde cela lui en fera perdre un des principaux.

Mais que, disje, ce ne fera pas feulement un des principaux, mais encore le premier. Et comme les grands traînent toûjours quelqu'un à leur fuite, l'on verra encore que ceux qui le touchent de plus prés, n'embrafferont point d'autre parti que celui qu'il embraffera lui-même.

Cependant que fert d'être plus long-tems à le nommer; c'eft de l'Electeur de Baviere dont je parle, le premier Electeur de l'Empire, & le plus Puiffant de tous, fi l'on en excepte feulement le Marquis de Brandebourg, qui l'eft bien autant que lui, fuppofé toutefois qu'il ne le foit pas encore davantage.

Or afin que l'on ne croie pas que

que je veüille dire par là, que de
peur de perdre le Gouvernement
des Païs-Bas Efpagnols, dont-il
eft revétu, mais à qui il a fait
beaucoup plus d'honneur, lors
qu'il a bien voulu prendre une
charge comme celle-là qu'il n'en
a été honoré, un vil interêft le
faffe paffer aujourd'huî, au préjudice de fon ancien attachement, du côté du Roi trés-
Chrétien; or afin, disje, que l'on
ne croie pas, que fi ce Prince
change maintenant de parti, ce
foit ce Gouvernement qui en foit
caufe, examinons un peu fes interêts, & voions de quel côté il
doit fe ranger préfentement, s'il
veut comme l'on n'en doit point
douter, que l'on dife de lui qu'il
les entend parfaitement.

Mais pourquoi ne les enten-
droit-il pas aujourd'hui, puis
qu'il les a bien entendus, étant
beau-

beaucoup plus jeune? C'eſt le propre des années d'apporter a-vec ſoï de la prudence; l'on ne voit gueres que l'on ait été ſa-ge, lors qu'il eſt permis en quel-que façon de manquer de juge-ment, & que l'on manque de jugement, lors qu'on eſt obli-gé indiſpenſablement d'être ſa-ge.

Dés que l'on a trente ans paſ-ſés, il ne ſied gueres bien de fai-re des fautes; mais lors que l'on n'en a pas encore vingt, & mê-me à beaucoup prés, quand mê-me l'on en feroit, il n'y auroit rien de plus pardonnable. Au reſte ſi ce que je dis ici ne ſe tait pas entendre de ſoi même, ce que je vai dire préſentement le fera entendre avec beaucoup de facilité.

Chacun s'étonna en France, mais ſans raiſon, c'eſt-à-dire

ſans

fans faire aucune réflexion aux
interéts de ce Prince , comment
après que la Princeſſe ſa
ſœur eut eu l'avantage d'épouſer
Mr. le Dauphin, il en fut ſi peu
touché , qu'il ne laiſſa pas de ſe
declarer en faveur de l'Empereur,
au préjudice du Roi trés-Chrétien , Pére du Mari de ſa ſœur.
Mais s'il eſt vrai, comme il n'en
faut point douter , qu'il n'y ait
pas de Proverbe plus veritable,
que celui qui dit que , *la chair
eſt plus prés que la chemiſe* comment eût-il pris le parti du Pére de ſon Beaufrére , puis qu'il
ne le pouvoit faire, qu'en le pre-
nant directement contre ſoi-mê-
me.

Il faut ſavoir que Sa Majeſté Imperiale , qui avoit éprouvé
pendant la guerre , qui avoit
précedé la paix de Nimegue,
combien la neutralité du Pére
du

du Duc avoit apporté de préjudice à ses affaires, avoir tâ-
ché en habile Politique, avant
que les promesses de la France
fussent capables de gagner son
Successeur, de le gagner elle même.

Elle croioit qu'elle devoit prendre necessairement cette précaution, afin que, s'il lui arrivoit
jamais d'avoir guerre avec cette Couronne, elle ne fut plus
exposée aux mêmes inconveniens,
qui lui étoient arrivés de cette fatale neutralité.

En effet elle lui avoit été presque aussi fâcheuse, que si le Duc
se fut declaré contre elle; la raison est, que les Princes voisins
de cet Electeur, de qui elle eût
tiré du secours, ne lui en avoient
pû envoier, parce que ce Prince, sous pretexte de tenir ses
Etats à couvert de toute sur-
prise

prife, parmi tant de troupes qui
marchoient de tous côtés, en-
tretenant un grand corps de Ca-
valerie, & d'Infanterie, ils avoient été obligés de faire la même chofe pour éviter qu'on ne
les prit au dépourvû.

Or l'Empereur fe reffouve-
nant, comme je viens de dire,
de ce qui lui étoit arrivé en ce
tems-là, & ne voulant plus y é-
tre attrapé, fit propofer au
Prince Electoral de Baviere, qui
eft aujourd'hui Electeur, que s'il
vouloit ne pas reffembler à fon
Pére, qui avoit toûjours embraf-
fé le parti de la France à fon
préjudice, il lui donneroit parole, que quand fa fille feroit
en âge d'étre mariée, il ne la
donneroit jamais à d'autre qu'à
lui.

Cette Princeffe n'étoit pas la
perfonne du monde la plus char-

D   mante,

mante, elle étoit même affés i-
commodée ; mais un favori du
Prince Electoral à qui l'Empereur s'étoit adreflé pour lui faire
cette propofition, lui aiant fait
fentir en même tems, pour donner plus de poids à fes paroles,
que cette Princeffe étant petite
fille d'Efpagne, comme elle l'é-
toit, celui qui l'épouferoit, ou
du moins les enfans qui en naî-
troient, auroient un jour bonne
part à cette Monarchie, parce
qu'au moïen de la renonciation
de Loüis le Grand, elle en étoit
devenue l'Héritiere préfompti-
ve ; or ce favori, dis-je, lui a-
iant infinüé ce que je viens de dire, le Prince Electoral donna
tête baiflée dans cette affaire.

Au refte cela étant arrêté, il
étoit queftion alors de le rendre impénétrable au Duc, & à
la

la Duchesse de Baviere, parce qu'outre que le mariage de leur fille avoit formé pour eux de nouveaux liens, qui les tenoient plus attachés que jamais à la France, il y en avoit encore de plus vieille datte, qu'ils n'avoient jamais songé à rompre.

La Duchesse étoit Françoise jusques au bout des ongles ; & comme elle avoit beaucoup de pouvoir sur l'esprit de son mari, elle lui avoit toûjours fait faire une partie de ce qu'elle avoit voulu.

Ainsi il n'y avoit pas presse de lui aller déclarer ce qui se passoit, parce que c'eut été là le moïen de le voir bien-tôt renversé.

Mais enfin le Duc, & la Duchesse étant morts quelque tems après, & le Duc d'aujourd'hui n'aiant plus rien à appréhender,

parce

parce qu'il ny avoit plus perfonne , à qui il fut obligé de rendre compte de fes actions, il déclara hautement , & à la veüe de tout le monde , ce que la prudence l'avoit obligé de tenir caché jufques-là.

Il le fit même avec beaucoup de hauteur, & fi vivement , que chacun en fut furpris.

Il embraffa après cela les interêts de Sa Majefté Impériale envers, & contre tous ; Il le fit même avec beaucoup de fuccés, parce qu'outre qu'il étoit puiffant par lui même , il avoit encore trouvé plufieurs millions dans les coffres de fon Pére.

Toutes ces richeffes provenoient cependant des gros fubfides, que ce Prince avoit tirés de la France , & qu'il tiroit encore actuellement au jour de fon decés.

Le

Le Roi fit offrir au nouveau Duc de les lui continuer, s'il vouloit fuivre les errémens de fon Prédeceffeur; mais les aiant refufés, Sa Majefté, qui affectoit beaucoup de fierté, dans le reffentiment qu'elle ne laiffoit pas d'avoir dans fon cœur, de le trouver fi different de fon Pére, ne fe put empécher de le témoigner un moment après en avoir receu la nouvelle.

Etant entré chez Mad. la Dauphine : Vous ne favez pas, Madame, lui dit il, en prefence de toute la Cour, que je fuis devenu riche aujourd'hui fans y penfer; J'ai gagné beaucoup d'argent, & fi ce n'eft que ma fortune eft déja toute faite, cela la feroit affés capable de la faire.

Madame la Dauphine, croïant que Sa Majefté eut joüé,

de la maniere qu'elle lui parloit, lui demanda qui étoit celui, ou ceux qu'elle avoit ruinés, pour lui tenir ce langage.

Le Roi lui répondit qu'il n'avoit ruiné perſonne, & que cependant ce qu'il lui avoit dit étoit vrai, puis qu'il avoit gagné cent mille écus tous les mois, il lui expliqua en même temps ce qu'il vouloit dire par là, ou elle n'entendoit rien auparavant non plus que toute la Cour. D'ou l'on apprit que les ſubſides, qu'il avoit donnés au Duc de Baviere, depuis je ne ſai combien d'années, montoient à douze cent mille écus tous les ans.

Mais quelque grande que fut cette ſomme, qu'eſt-ce qu'elle étoit en comparaiſon de la Couronne, que le Duc de Baviere avoit lieu d'eſpérer par le mariage dont on le flatoit.

L'Em-

L'Empereur effectivement lui
fit époufer fa Fille quelque tems
après fuivant la parole qu'il lui en
avoit donnée.

Il n'y a perfonne qui ne fache
la fuite de toute cette hiftoire;
de forte qu'il feroit fuperflu de
s'y étendre davantage.

Le Duc eut un fils de la Du-
cheffe fa femme, qui s'eft fait é-
léver jufques à un âge, qu'on le
croioit à couvert de tous les ac-
cidens qui ont coutüme d'em-
porter les enfans, ceux des Princes comme les autres.

Comme c'étoit lui, qui devoit
un jour être Roi d'Efpagne. Car
fa Mére mourut quelque tems a-
près l'avoir mis au monde. l'Empereur fit donner au Pére le
Gouvernement des Païs-bas Efpagnols.

Il crut qu'ils ne pouvoient é-
tre en meilleure main, que dans

les

les fiennes, parce qu'il avoit plus
d'interêt qu'un autre à les conferver.

Auffi a t. il fait tout ce qu'il a
pû pour en rendre bon compte;&
fi nonobftant tous fes foins, &
toutes fes peines, il n'y a pas
toûjours eu le fuccés, qu'il pouvoit defirer, on ne le peut impu-
ter qu'à une force fuperieure,
contre laquelle il eft bien difficile de refifter.

Il y a même mangé ou là, où
en Hongrie, tous fes tréfors
que fon Pére lui avoit amaffés.
Mais enfin aujourd'hui que fon
fils eft mort, continuera t-il dans
les mêmes engagemens, & voit-
on qu'il y puiffe trouver quelque
avantage? Il n'y a nulle apparence
de le croire, qu'eft-ce que cela lui
produiroit? Ses coffres fe trouvent vuides aujourd'hui, & quel
autre moïen y a t-il pour lui de
les

les remplir, que d'embraſſer le
parti d'un Prince, qui ſans avoir
le perou, ni ſans poſſeder les É-
tats qu'avoit Créſus eſt tout auſſi riche qu'il le pouvoit être puis
qu'il ſe roule aujourd'hui ſur
l'or & ſur l'argent ? Qui doute donc, que ce ne ſoit de ce
côté-là qu'il doive tourner; pour
moi je n'en doute nullement, &
j'en ſuis tout auſſi perſuadé queſi je
le voiois déja.

Ainſi quelques contes que l'on
puiſſe faire pour en ôter la penſée, rien ne me fera changer de
ſentiment.

L'on à beau me dire qu'il a
trop été ennemi de la France,
pour devenir aujourd'hui ſon a-
mi.

Je réponds à cela, que quand
il a été ſon ennemi, il a dû l'ê-
tre, par rapport à ſes propres
interêts; & que quand il devien-

D 5   dra

dra ſon ami, ce ſera par la même raiſon qu'on le verra embraſſer ſon parti.

Et ce qui me fait parler de la ſorte, c'eſt que les choſes ont bien
changé de face pour lui depuis la
mort de ſon fils.

Je ſuis donc tout aſſuré de ce
que j'oſe avancer ici, parce que
je ſai que les Princes, auſſi bien
que les particuliers, ne ſe gouvernent que par l'interêt.

Mais les en blamera t-on,
comme s'ils ne faiſoient pas bien?
à Dieu ne plaiſe, puiſque l'on ſait
bien qu'un Prince comme un autre, doit mettre en uſage tout
ce qui lui eſt permis ſelon Dieu,
pour ſe conſerver dans le luſtre,
& dans la ſplendeur ou il lui a plu
le faire naître.

Sans cela ils deviennent gueux,
& quand ils le ſont une fois de-
venus, ils ont non ſeulement tou-

tes

tes les peines du monde à se tirer d'un état si fâcheux, mais ils en tombent encore comme dans le mépris de leurs peuples.

D'Ailleurs, quand le besoin, que peut avoir le Duc de remplir ses coffres, ne l'obligeroit pas à embrasser le parti que je dis là, comme néanmoins cela est tout visible, il doit avoir cela de commun avec tous les Electeurs, de ne pas chercher à rendre l'Empereur si puissant. C'est du moins la Politique, que tout ce qu'il y a de gens qui croient entendre les affaires du cabinet, disent qu'ils doivent tenir, ainsi, puisque la Politique se trouve jointe ici à l'interét, qui sont les deux pivots, sur lesquels on voit tourner tous les Princes, qui doute encore une fois du parti que le Duc de Baviere prendra en cette occasion? Or

D6   qu'on

qu'on ne s'imagine pas qu'on
pourra bien l'obliger à en prendre
un autre en dépit qu'il en ait ;
cela feroit bon fi l'Empire étoit
attaqué , puifqu'il faudroit en ce
cas qu'il défendit l'Empire, comme en étant un des principaux
membres.

Mais ce n'eft pas dequoi il s'a
git préfentement , il ne s'agit
que de voir à qui appartiendra la
couronne d'Efpagne, ou de l'Empereur, ou de Philippes V. qui
en eft déja en poffeffion.

Cela ne regarde point les Princes de l'Empire, & il n'y a que
la voie de perfuafion, qui puiffe
être permife dans une conjoncture comme celle-là, pour les obliger à prendre parti.

De quel côté croit-on auffi que
tournera l'Archevêque de Cologne fon frére , dans un événe-
ment

ment si remarquable ? de celui
sans doute que la prudence & le
bon sens veulent qu'il tourne dans
une semblable occasion.

Et en qualité d'Archevêque
de Cologne , & en qualité d'E-
vêque de Liege , la neutralité
l'accommode mieux que la guerre, puisque le premier de ces
deux Païs, est presque également
exposé aujourd'hui aux incursions
des François , & des Allemans,
& que l'autre a beaucoup à sou-
frir de cette premiere nation, s'il
avoit la guerre avec elle , & en
même tems des Hollandois supposé qu'ils se déclarent aujourd'-
hui contre la France.

Quand je ne parle point ici
des Espagnols, ce n'est pas que
je ne sache bien la situation de
leur Païs , & même que ce ne
soit que par le moien de leurs
places, que les François se peuvent
ren-

rendre redoutables par tout·là.
Mais comme je tiens que leurs
forces, & celles de la·couronne
de France, ne font maintenant
qu'une même chofe, j'ai crû que
je pouvois en ufer de la forte, & que l'on m'entendroit bien,
fans avoir·befoin d'une plus grande regularité.

Or je dis donc, que c'eft la
neutralité que doit rechercher
l'Archevêque de Cologne, & en
qualité d'Electeur, & en qualité
d'Evêque de Liege.

Mais c'eft à favoir fi on le
voudra foufrir, le plus fort prétend toûjours faire la loi au plus
foible, & c'eft ce qui fe pratique depuis long·tems entre les
Souverains.

Cependant fi on ne le foufre
pas, quel parti prendra t·il donc?
Cela n'eft pas bien difficile à re-
foudre, il prendra le parti que
pren-

prendra son frére.

Mangé pour mangé, puis que c'est une chose qui lui est inévitable, par rapport à la situation de ses Etats, il trouvera encore plus d'avantage à embrasser le parti des deux Couronnes, que celui de l'Empereur.

Il est pourtant vrai, dira t-on, que c'est à Sa Majesté Imperiale qu'il est redevable aujourd'hui de tout son établissement, ainsi ne l'accusera t-on point en même tems, que ce n'en est pas être fort reconnoissant que de lui tourner le dos, lorsqu'il s'agit de lui rendre service.

Mais outre que j'ai déja dit, que les Princes ne se gouvernent gueres que par l'interest, ne pourra t-il pas dire que c'est à son frére, bien plutôt qu'à l'Empereur, qu'il est redevable de sa fortune? N'est-ce pas le Duc de Baviere,

qui

qui lui a produit directement tous
les avantages dont il joüit aujourd'hui.

Il est vrai, que ce n'a été que
par le moien de l'Empereur, &
l'ôn ne le sauroit nier ; Cependant voila deux bien facteurs tout
à la fois, l'un *mediat*, l'autre *immediat*.

Il ne s'agit donc plus que
de savoir, auquel des deux l'on
est le plus obligé. Mais la question
n'est pas bien difficile à résoudre;
on ne connoit pas le plus souvent le bien facteur *immediat*,
au lieu que le bien facteur *mediat*, est necessairement de nos
amis.

Cela étant, il est vrai de dire
que l'on est bien plus obligé à l'un
qu'à l'autre.

Des autres Electeurs du Rhin,
à moins que d'un attachement
tout particulier à l'Empereur,
com-

comme l'Electeur Palatin, auront bien de la peine auffi à fe declarer contre les deux Couronnes, fous la couleurine de qui ils ne fe trouvent pas moins, que fous celle de l'Empereur.

La neutralité fera donc leur fait, auffi bien que celui de l'Archevêque de Cologne ; Cependant fi Sa Majefté Imperiale ne vouloit pas la leur accorder, il fe pourroit bien former une ligue du Rhin pour l'y obliger en dépit d'elle.

L'Evéque de Munfter y pourroit même entrer comme les autres, & ce ne feroit pas là la premiere fois que cela fe feroit fait. Je trouve même qu'en cas d'une neceffité abfolüe de fe déclarer ou pour l'un ou pour l'autre, les Princes du Rhin, à la referve de celui dont je viens de parler, a meroient bien autant prendre le parti

parti des deux Couronnes, que
celui de l'Empereur.

La raison est qu'elles auront
bien autant de pouvoir doréna-
vant dans la plûpart des chapî-
tres de la Basse Allemagne, qu'il
en sauroit avoir lui méme. Cela paroit évidemment en ce qu'ils
sont remplis en partie de sujets
de la couronne d'Espagne, lesquels aiant changé maintenant
d'inclination, parce qu'ils ont
changé de maître, donneront à
l'avenir, quand il en sera besoin,
leurs suffrages à ceux qni leur seront recommandés de leur part.
Ainsi au lieu qu'ils étoient affe-
ctionnés ci-devant à la maison
d'Autriche, par l'obligation in-
dispensable que leur imposóit leur
naissance, & dont les gens de bien,
& les gens de qualité ne s'éloi-
gnent que rarement, ils le seront
aujourd'hui à la maison de France,

œ, parce qu'ils fe trouvent maintenant dans la même obligation à fon égard, qu'ils fe trouvoient en ce tems-là à l'égard de la maifon d'Autriche.

Que fi nous voulons feparer les interéts des Liegeois, d'avec ceux de leur Prince, ce qui doit être néanmoins infeparable, puifque de bons fujets ne doivent fonger uniquement, qu'à ce qui eft de la gloire de leur Souverain, tout de méme qu'un Souverain ne doit jamais fonger qu'à ce qui eft du bien, & de la tranquilité de fes fujets; que fi, dis-je, ces interéts peuvent être regardés à part, qui doute que ces peuples ne doivent étre plus portés à prendre le parti des deux Couronnes, que celui de pas une autre Puiffance, quelle qu'elle puiffe étre? Les deux Couronnes les embraffent maintenant
de-

de tous côtés ; d'un côté, Bru-
xelles, Louvain, Tirlemont, de
l'autre la Duché de Limbourg ;
d'un bout Charlemont, Namur,
avec toutes les autres places que
la France possede de côté-là ;
Il n'y a donc que Maeftrict, qui
les gênne à l'autre bout, mais
enfin il paroit, que quand l'on
a à craindre de trois côtés, le
péril eft bien plus grand, que
quand on n'a à craindre que d'un
feul.

D'Ailleurs la neutralité les af-
furera de ce côté-là, principalement s'ils ont bien foin d'être ar-
més, car c'eft ainfi qu'ils trouveront moien de repouffer la force par la force, fuppofé toutefois que les Hollandois fe déclarent comme il ny'en a pas encore d'apparence.

Il eft vrai que s'il venoient à fe
déclarer difficilement les Liegeois
peu-

peuvent-ils se passer de ses peuples, parce que c'est avec eux qu'ils font leur principal commerce.

Mais il ne faut pas que cette difficulté les arrete, ni même qu'elles arretent jamais personne. Car s'il est vrai de dire, en parlant de toutes les nations en général, que difficilement se peuvent elles passer de la Hollande, il est encore plus certain, que la Hollande ne se sauroit passer d'elles, par la necessité ou elle est de débiter ses denrées.

Sans cela que deviendroit-elle, puisque ses terres ne produisent pas dequoi nourrir la vingtiéme partie de ses habitans? Ils ne sauroient donc subsister que par le profit qu'ils font sur leurs marchandises, desorte que s'ils n'en avoient pas le débit, ils ne sauroient bien-tôt plus de quel côté se fe tourner.

Je ne parle point des autres Princes, qui font plus avancés dans le Coëur de l'Allemagne, parce qu'il eft à prefumer, qu'a-iant tout à craindre de la puif-fance, & des intrigues de l'Em-pereur, & nul fecours à efpérer des deux Couronnes, à moins que de fe précautionner de bon-ne heure par une ligue, ils ne pouroient pas embraffer leurs in-terêts, quand même ils en au-roient la volont, fans fe mettre en grand peril.

Ainfi il y a toute apparence, que moitié de gré, moitié de force, ils pouront concourir aux deffeins de Sa Majefté Imperiale.

Le Marquis de Brandebourg fur tout, auffi bien que le Duc de Hannover, y paroiffent tout dif-pofés, foit par reconnoiffance des bienfaits qu'ils en ont déja

re-

receu', que pour ceux qu'ils en espérent encore à l'avenir. Le reſte de la maiſon de Brunswik, pouroit bien ſuivre encore l'exemple de ce Duc, quand ce ne ſeroit que pour ſe reſſentir de l'honneur que l'Empereur lui a fait , de choiſir dans ſa maiſon une Princeſſe pour femme du Roi des Romains, ſi ce n'eſt que je vois le Duc de Wolfenbutel terriblement entêté , à s'oppoſer à l'affaire du neuviéme Electorat. Son procedé depuis quelque tems , marque des deſſeins cachés , qu'on ne ſauroit deviner entierement, mais ou néanmoins il eſt permis de pénétrer en quelque façon, pour peu que l'on s'y étudie. Auſſi quoi que l'alliance, dont je viens de parler, ſemble quelque choſe , elle eſt d'une ſi petite conſidération à l'égard des perſonnes de ce rang là , que ce

ſeroit

feroit fe moquer que de prétendre que ce Duc s'en fervit de mo-
dele, dans une conjoncture comme celle-ci, pour y regler fa conduite.

Les Princes d'ordinaire ne fe
rendent pas fi efclaves de ces fortes de devoirs, qu'ils en rabat-
tent la moindre chofe de leurs interéts.

C'eft-là la bouffole qui les re-
gle, c'eft-là la pierre d'aimant qui
les attire, de forte que tout parent
que le Duc puiffe étre de l'Empereur, ils oubliera bien-tôt toute
la parenté s'il ne trouve point d'
avantage à fuivre le parti de fa Majefté Imperiale.

Quoi qu'il en foit, paffant de
ces Princes, à tous les autres
Princes de l'Empire en général,
il y a de l'apparence, qu'à la referve de ceux qui fe font de-
clarés auffi contre le neuviéme
Electo·

Electorat, l'Empereur pourra se flatter de leur secours, pourveu neanmoins qu'il ait de l'argent à leur donner. Ils ne marchent gueres sans cela ; Il y a déja long tems que le mal leur en tient, outre qn'il est bien juste, que quand les grands Princes ont affaire des petits, ils les achetent à beaux déniers comptans.

Comme ils ne leur font point de part de leurs conquêtes, c'est bien le moins qu'ils leur en fassent de leur argent, ils y sont même d'autant plus obligés que sans ce secours, les autres ne pourroient pas entretenir un si grand corps de troupes. Cependant s'il est vrai, comme il n'en faut point douter, que les Princes d'Allemagne se soient mis sur le pied il y a déja du tems, de faire acheter leurs troupes à tous ceux qui en ont affaire; dequoi l'Empe-

E   reur

reur les achetera t-il aujourd'hui, lui qui n'a point d'argent ? Il n'a pour tout revenu que cinquante millions ou environ ; Mais il n'y en a qu'une partie en déniers, le reste ne se païe qu'en bled, en vin, & en autres denrées. Cela est bon à la verité pour manger chez soi ; Mais non pas pour entreprendre une guerre, contre un Prince qui en a prés de trois fois autant.

Encore ces trois fois autant lui sont ils paiés en beaux Louïs d'or, ou autre monnoïe équivalante ; au lieu que l'Empereur recevant pour vingt cinq millions de denrées de ses sujets, il est obligé, pour en faire la consomption, d'en distribuer la plus grande partie aux Officiers de sa maison. Ceux là même, qui sont pourveus des charges qui regardent le service de son Etat, reçoivent

çoivent auſſi une partie de leur ſalaire, en mêmes eſpeces, tellement qu'en ce païs-là on peut dire, que la charge que l'on y poſſede, eſt moitié charge, & moitié metairie, puis que les appointemens que l'on en reçoit, conſiſtent en vin, & en bled, auſſi bien qu'en argent.

A l'égard des deux Rois du Nort; Sa Majeſté Imperiale en pourra auſſi avoir des troupes, pourveu toutefois quelle ait encore dequoi les acheter. Car il faut ſe mettre en tête, que les Princes entendent leurs interêts auſſi bien que perſonne, & que s'il y avoit des écoles de Politique, comme il y en a de droit, & de quantité d'autres ſciences, il n'y auroit qu'eux, qui ſeroient capables d'y régenter.

Comment donc ces deux Couronnes ſe déclareroient elles au-

jour-

jourd'hui contre la France , &
l'Espagne, elles qui voient, que
si la guerre dans la conjoncture
presente, vient à se rallumer dans
l'Europe , elles y auront un a-
vantage merveilleux, demeurant
dans la neutralité.   C'est pourtant,   par parentese , une assés
plaisante neutralité, que de donner des troupes à l'un, & d'en
refuser à l'autre ; mais comme
cela s'est veû dans la derniere guerre à l'égard du Roi de Danemark , qui avoit un corps de
troupes dans l'armée du Roi
d'Angleterre , pendant qu'il a-
voit refusé, sous des prétextes
spécieux , la levée de quelques
regimens à Sa Majesté trés Chrétienne, je conforme mon langage , à ce qui est de l'usage d'à-
present.

Cependant pour ne me pas é-
carter de mon sujet , je dis donc
que

que si la guerre vient à recommencer présentement daus l'Europe, il n'y a guerres d'apparence que les couronnes du Nort veüillent s'y interesser, ni de part ni d'autre.

Et je trouve même qu'elles auront raison, parce qu'en demeurant dans une exacte neutralité, ce seront elles qui feront tout le commerce ? D'où les Anglois & les Hollandois, supposé qu'ils se déclarassent pour l'Empereur, tireroient t-ils des vins, & des eaux de vie, si ce n'étoit par leur moïen ? Ils ne pourroient plus en tirer de l'Espagne, puis qu'ils seroient en guerre avec elle; d'en tirer d'Italie, il y auroit trop de peril, maintenant que ces mers ne seront plus couvertes que des vaisseaux, & des galeres des deux Rois.

De sorte qu'il faudroit que cha-

que

que Marchand , eut une armée
navale pour lui fervir d'efcotte ,
devant que de s'expofer à en aller chercher en ce païs-là. D'en
tirer de Portugal , comme ils
ont fait pendant la derniere guerre , c'eft ce qu'il n'y aura pas
encore grande apparence qu'ils
puiffent faire , à moins que la
France & l'Efpagne ne le vou-
luffent bien.

Mais maintenant que les voilà unies, & encore d'une union
fi intime , que tout ce que l'on
en peut dire n'en fauroit ap-
procher, elles ont bien la mine,
fi la guerre , dont nous parlons,
venoit à arriver, d'exiger de cette Couronne, qu'elle n'aura nul
commerce avec leurs Ennemis.
Je ne fai de quelle maniere le
Roi de Portugal s'en pourroit
défendre; heureux encore, pourveu qu'on ne lui demande jamais
au-

aûtre chofe. Ainfi la confequen-
ce que l'on peut tirer de tout ceci, c'eft que les deux Couronnes du Nord, voiant, en l'état
que font les chofes aujourd'hui,
que fi la guerre arrivoit, le commerce de toute l'Europe ne man-
queroit jamais à leur tomber entre les mains, elles font trop habiles pour renoncer à un fi grand
avantage, en embraffant le parti
de l'un ou de l'autre.

Que fi par ce que je viens de
dire, & par une infinité de chofes, que je laiffe au Lecteur à fe
repréfenter lui même, parce qu'-
outre qu'il ne m'eft pas permis
de les traiter ici, il eft toûjours
bon de laiffer un champ vuide à
l'efprit, afin qu'il ne croie pas
qu'on le veüille affujettir à fon
fentiment. Que fi, dis-je, pour
tout ce que je viens de rapporter, il paroit que ce n'eft pas u-

ne

ne petite entreprise, que de vouloir aujourd'hui faire la guerre
contre les deux Couronnes; examinons un peu de quelle maniere, ceux qui se trouvent allarmés
présentement de leur union se
peuvent mettre à l'abri du peril
qu'ils apprehendent.

Cela n'est pas tout à fait impossible, quoi qu'il y paroisse
beaucoup de difficulté. Et c'est
là dessus que nous avons maintenant à débiter des conjectures,
qui s'évaporeront peut-être en
fumée par la suite; mais qui neanmoins, comme nous avons
déja dit tantôt, ne se trouveront
peut-être pas tout à fait destituées
de bon sens, quand on se voudra bien donner la peine de les
examiner.

Rien n'a jamais paru plus contraire à la Politique, que la préférence que Louïs le Grand a donnée

née au teſtament de Charles II.
fait en faveur du Duc d'Anjou,
au partage qui étoit fait au profit de ſa Couronne, par les deux
Puiſſances qui s'en ſont mélées.
Car de croire comme il eſt por-
té dans le Memoire que le Com-
te de Briord a preſenté aux Etats,
que ce qu'en a fait ce grand Roi,
n'ait été que pour prévenir la guerre, qui étoit inévitable, s'il
s'en fut tenu au partage, c'eſt
ce qui ne ſe ſauroit repréſenter
à l'eſprit, quelque attention que
l'on y donne.

A moins que Sa Majeſté ne
ſe défiat de la bonne foi du Roi
d'Angleterre, & des Hollandois,
ce qui eſt hors de toute apparence, puis que l'on ne voit pas en
quoi ils en aient jamais manqué;
qu'elle guerre pouvoit-il arriver
de tout cela ? l'Empereur, quelque mécontent qu'il peut-être de
ce

ce partage, fuppofé toutefois qu'il
le fut, puis qu'il n'en avoit point
de fujet, eut-il jamais ofé lever
la tête, d'abord que ces deux
Puiffances euffent joint leurs forces avec celles de Sa Majefté?
quoi craignoit-elle, que les Princes d'Italie tendiffent les bras à
Sa Majefté Imperiale, pour lui
faire recueillir la fucceffion d'Efpagne toute entiere, eux qui s'é-
toient déja affés déclarés en faveur du partage, puis qu'ils a-
voient répondu en bon François,
à la demande qu'elle leur avoit
fait faire par fes Ambaffadeurs,
pour livrer paffage à fes troupes,
qu'ils n'en feroient rien, & qu'ils
vouloient fe conferver l'amitié de
la couronne de France, pour
qui ils avoient beaucoup de véné-
ration, & de refpect.

Ils étoient d'ailleurs dans une
joie indicible, que le Milanois
tom.

tombat entre les mains du Duc
de Lorrainne, parce que, comme ils regardent ce Païs-là en
quelque façon, comme une clef
d'Italie, quoi qu'il ne le soit pas
tout à fait, ils s'en croioient plus
en seureté, que s'il eut dû être
sous la domination de l'Empereur,
ou sous celle de Sa Majesté trés-
Chrétienne.

Mais si les Princes d'Italie a-
voient approuvé le partage, comme il est aisé de juger par la raison que nous venons de dire,
quantité d'autres Puissances n'a-
voient-elles pas fait aussi la même chose, puis qu'elles en avoient signé la garantie, que le
Roi trés-Chrétien leur lavoit
fait demander par ses Ambassa-
deurs.

Le Roi d'Angleterre, & les
Hollandois, ne s'étoient-ils pas
entremis de leur côté de faire
va-

valoir ce partage, en remontrant
à tous les Souverains, qui y pouvoient prendre interêt, que toute l'Europe y trouveroit son a
vantage, & que c'étoit de là
que dépendoit son repos? Ainsi que pouvoit faire l'Empereur
contre tant d'Etats,qui se déclaro-
ient déja contre lui? S'il eut été
d'humeur à se pourvoir contre ce
qui avoit été fait, n'avoit-il pas
bien la mine d'en avoir le démenti.

Mais comment se pouvoit-il
pourvoir contre, lui dont les forces sont bien inferieures à toutes
ces Puissances en général, & même à quelques unes en particulier. Il n'avoit qu'à le faire pour
s'en repentir bien-tôt, il étoit
trop sage pour l'entreprendre à
moins que de vouloir être tout
seul de son parti.

Mais, me dira t-on, il n'avoit
pas

pas voulu pourtant approuver ce partage, marque qu'il avoit des deſſeins cachès, qu'il prétendoit faire éclater en tems & lieu. Au reſte s'il m'étoit permis ici de parler, comme dans les écoles, je répondrois à cela: j'approuve la poſition, mais je nie la conſequence.

Il eſt bien vrai, que Sa Majeſté Imperiale n'avoit pas voulu ſigner le traité, lors qu'il lui avoit été preſenté; mais en faiſant ce refus, elle n'avoit pas dit que ſon deſſein étoit de ſe pour voir contre; car qu'avoit elle répondu, je vous prie? Elle avoit répondu qu'elle ne vouloit pas partager la ſucceſſion d'un Prince, qui étoit encore vivant; & qu'il ſeroit aſſés tems de le faire, lors qu'il ſeroit mort. Je crois bien que ce Prince, en diſant cela, ne le diſoit pas, ſans avoir

avoir ſes veuës ; je crois même
qu'elles étoient de faire connoître à la nation Eſpagnole, qu'elle
ne devoit pas ſouffrir le démembrement de ſa Monarchie ; je
crois, dis-je, encore une fois, que
ſi elle parloit de la ſorte, c'eſt
qu'elle vouloit par là faire tomber la Succeſſion toute entiere à
l'Archiduc Charles, par un teſtament du Roi d'Eſpagné en ſa
faveur ; & par un conſentement
unanime de tous les peuples. Mais
comme les choſes, où il y a le
plus d'apparence, n'arrivent pas
toûjours ſelon que l'on penſe,
l'on a veu par un coup, qui a
autant étourdi, que ſurpris une
une infinité de gens, que la nation Eſpagnole, & ſon Roi mou-
rant, au lieu de ſeconder les de-
ſirs de l'Empereur, les ont fait a-
vorter d'une maniere irrepara-
ble.

Char-

Charles II. a déclaré Philipe Duc d'Anjou fon Héritier legitime, au defaut de Mr. le Dauphin, & du Duc de Bourgogne, qui ne voudroient pas apparemment de fa Couronne, par les raifons rapportées dans fon teftament.

Les grands d'Efpagne non feulement, mais encore toute la nation entiere à approuvé la derniere volonté de fon Roi. Elle l'a fait favoir à Sa Majefté trés-Chrétienne par l'Ambaffadeur que cette Couronne à auprés d'elle, afin de l'approuver. Elle l'en a même conjurée avec autant d'ardeur, qu'elle en pouvoit témoigner autrefois, quand elle la fupplioit de ne point troubler le repos de l'Efpagne par fes armes formidables & toûjour triomphantes.

Le Roi n'a pas hefité un moment

ment à lui accorder sa demande,
quoi que ses interêts y parussent
contraires, & même qu'ils paroissent encore tels aujourd'hui à
une infinité de gens, qui plus
ils considérent la chose de prés,
plus s'imaginent ils qu'ils doivent
toûjours persister dans le même
sentiment.

Mais sont-ils opiniâtres, ou
bien ne seroit-ce point que Sa
Majesté trés-Chrétienne se fut
trompée ? L'on ne sauroit dire
ni l'un ni l'autre, si l'on veut parler juste ; l'opiniâtreté ne consiste, qu'en ce que l'on soûtient sa
pensée contre une infinité de gens,
qui s'y opposent non seulement,
mais qui prouvent encore par de
belles & bonnes raisons, qu'elle
est mauvaise.

Or dans l'affaire, dont il s'a-
git ici, de cent personnes qui se
donnent la liberté d'en raisonner,
il

il y en quatre-vingt dix-neuf,
pour ainſi dire , qui ſont pour
le partage, pendant qu'il n'y en
a qu'un ſeul pour le teſtament.
Ce n'eſt donc pas opiniâtreté que
d'être du ſentiment général , &
de rejetter le particulier. C'eſt
donc le Roi qui s'eſt trompé à
ce coup-là, dira t-on, & cela lui
eſt bien pardonnable, puis que
c'eſt-la premiere fois que la choſe lui eſt arrivée.

A Dieu ne plaiſe que je parle ainſi, & je dirai bien plûtôt,
que c'eſt que tout le monde ſe
trompe, & que pour lui il ne ſe
trompe pas.

Ce grand Roi , conſommé
dans l'art de régner , pénétre
bien plus avant d'un clin d'œil,
que les autres ne font pour ainſi
dire, par une ſpéculation de pluſieurs années. En acceptant le
partage, il eſt vrai qu'il augmen-
toit

tôit ſa Couronne de quatre fleu-
rons, qui étoient capables de
tenter.

Il eſt vrai auſſi, qu'il ſe rendoit maître plus que jamais des
mers d'Italie, ou il eſt déja ſi puï-
iſſant; mais ſi tout cela eſt vrai,
comme il eſt impoſſible de le nier,
à moins que de s'oppoſer à la
droite raiſon, il eſt vrai auſſi que
la maiſon d'Autriche, quoi que
moins floriſſante que du tems de
Charle V. ou de Philipe II. l'é-
toit encore aſſés pour lui donner
de la jalouſie.

l'Empire étant aujourd'hui,
comme Héréditaire dans ſa maiſon, le Roiaume de Hongrie,
qui n'eſt pas à mépriſer, quand
il ſera une fois repeuplé, & ré-
tabli, y étant entré d'ailleurs,
ſans aucune apparence qu'il en
reſſorte jamais; d'un autre côté
le Roiaume d'Eſpagne, avec le
nou-

nouveau monde , étant encore
affuré en fon entier à cette maifon , par le partage dont nous
parlons, fi l'on en excepte toutefois les Etats d'Italie ; comment
fapper les fondemens d'une fi
grande Puiffance , qu'en acceptant tout d'un coup , comme Sa
Majefté trés-Chrétienne a fait,
le teftament de Philipe II. au
préjudice du partage. N'eft-il
pas vrai, que le moindre délai é-
toit capable de porter préjudice
à cette grande affaire ? Les Efpagnols s'en pouvoient irriter,
& prendre des refolutions contraires à ce qui venoit d'être
fait.

Le Parlement d'Angleterre alloit tenir d'un autre côté, & l'on
prétendoit qu'il y pourroit être
fait des remontrances à Sa Majefté Britannique fur le préjudice que recevroit la nation An-
gloife,

gloife, fi Sa Majefté trés-Chrétienne étoit jamais maîtreffe des
Roiaumes de Naples & de Sici-
le; comme auffi des places Maritimes fituées fur la côte de
Tofcane.

Il eft vrai que le Roi d'Angleterre n'auroit écouté ces remontrances qu'autant qu'il lui auroit femblé bon, & que quand il
a donné une fois fa parole, il
n'eft pas Prince à y manquer;
mais enfin la maifon d'Autriche
demeuroit toûjours fur fes pieds
par là; il n'y avoit pas moïen
de la faire tomber, qu'en lui por-
tant cette botte; & d'en perdre
l'occafion c'étoit vouloir manquer, comme j'ay déja dit, ce
qui ne fe retrouvoit pas tous les
jours.

Le Roi trés-Chrétien a t-il
donc mal fait, de faire ce qu'il
a fait? Non fans doute, & c'eft-
ce

ce qu'on répondra toûjours, quand on l'aura bien confideré. Il abbat par là la feule Puiffance, qui étoit capable de lui donner de l'ombrage, & il ne faut plus préfentement à moins qu'elle n'ait d'autres reffources que les fien-nes, qu'elle ofe fe frotter à lui.

Mais, me dira peut-être quel-qu'un, s'il abbat cette Puiffance, il en éléve une autre, qui fera peut-être un jour plus redouta-ble à fa Maifon, que n'a jamais été la maifon d'Autriche. Phi-lipe de Bourgogne étoit auffi bien fils de France, que Phili-pe V. aujourd'hui Roi d'Efpa-gne en eft petit fils; Cependant la Couronne a t-elle jamais eu de fi grands ennemis, que les Princes de fa maifon. Ces deux Princes fe reffemblent déja de nom, pourquoi leurs defcendans ne ne se ressembleront ils pas encore d'inclination ? Ce qui causa autrefois la revolte des Ducs de Bourgogne contre leurs aînés, c'est que leurs Etats étoient mélés les uns avec les autres, comme le sont encore aujourd'hui céux du Roi trés-Chrétien , & ceux du Roi d'Espagne. Bien davantage les Ducs de Bourgogne ne pouvoient pas dire , que leurs aînés leur eussent ravi leur bien par droit de conquête? Ils en étoient toûjours en possession , & on ne les empêchoit pas d'en joüir , comme d'une chose qui leur appartenoit legitimement.

Tout ce qu'on leur demandoit étoit d'en rendre hommage à leur aîné, comme à leur Souverain.

Mais aujourd'hui le nouveau Roi d'Espagne , ou plûtôt ses
des-

deſcendans , ſi c'eſt la volonté
de Dieu de lui en donner, diront peut-être un jour ; oh ! oh !
la Flandre Françoiſe étoit autrefois à nous ; c'étoit auſſi à nous
qu'appartenoit autrefois le Rouſ-
ſillon, d'ou vient donc que le Roi
trés-Chrétien s'en eſt emparé ?
s'il ſe répond à lui même, ou que
quelqu'un lui réponde, c'eſt que
le Roi trés-Chrétien avoit la force en ce tems-là , & que le Roi
d'Eſpagne n'étoit pas en état de
lui réſiſter, auſſi-tôt peut-être ſe
pourroit-il bien dire encore à
lui même, oh ! oh ! puis qu'il a
ſu ainſi prendre ſon tems ſi à propos, pour dépouiller mes Pré-
deceſſeurs, prenons auſſi le nôtre maintenant pour l'obliger à
nous rendre tout ce qu'il leur a
pris.

Matiere donc de procés; mais
de procés qui ne ſe vuidera que
par

par le droit Canon. Cependant
c'eſt ce que le Roi trés-Chrétien
eût bien pû éviter s'il eut voulu,
puis qu'en acceptant le partage,
s'il eu jamais eu la guerre pour
la reſtitution de la Flandre, ce
n'eut jamais été avec un Prince
de ſa Maiſon.

Encore paſſe avec un Prince
de la maiſon d'Autriche, puis
que c'eut été là ſon affaire. Auſſi
Sa Majeſté s'y pouvoit bien attendre & elle n'en eut pas été
ſurpriſe par conſequent ; au lieu
que quand on voit ceux qui de-
vroient s'entre ſecourir les uns
les autres, ſe faire la guerre tout
de même que s'ils étoient des ennemis capitaux, cela ne peut jamais arriver, ſans donner beaucoup d'étonnement.

Voilà, je l'avouë, une objection qui paroit ſenſible ; mais à
quoi neanmoins il n'eſt pas difficile

cile de répondre, le Roi trés-
chrétien, en acceptant le partage, se laissoit toûjours cette
querelle à vuider avec la maison d'Autriche, qui comme j'ai
déja dit, demeuroit encore assés puissante pour lui donner de
l'ombrage, mais en acceptant
le Testament, la voila hors
d'intrigue de ce côté-là, il n'a
plus qu'a s'assurer lui, & ses
descendans, contre les mauvais conseils, qui pourroient ê-
tre donnés à son petit fils, ou
plûtôt un jour à ses successeurs
par des esprits broüillons, qui
croiroient peut-être faire merveilles, en excitant la guerre
entre les deux couronnes. Car
quoi que l'ambition toute seule soit capable de faire faire
ce coup là, l'on sait neanmoins
qu'il y a du remede à tout hors

à la

à la mort , l'on fait d'ailleurs
que le Roi trés-chrétien ne fait
rien inconfiderément , & que
bien loin de là il pefe toutes
chofes fi bien qu'il voit tout
d'un coup ce qui peut arriver
de bon ou de mauvais d'une
affaire, or croiez vous de bonne foi , qu'un Prince dont on
a tant de lieu d'admirer la prudence , & la bonne conduite
dans le gouvernement de fon
Etat, quand ce ne feroit même que par rapport à ce qui
s'eft paffé dans la derniere
guerre , dont fans le fecours
d'aucun Miniftre , il s'eft de-
mélé fi heureufement; Or croiez
vous , dis-je , qu'un Prince
qui dans cette grande multi-
tude d'affaires , dont il étoit
comme accablé, bien loin d'en
avoir été étourdi aucune-
ment ,

ment, a toûjours fait paroître
la même tranquillité d'esprit,
dont il joüissoit auparavant,
n'ait pas préveu non seulement,
que tout ce que nous venons
de dire pourroit arriver ; mais
encore bien autre chose, oui
croiez vous encore une fois
qu'il ne se soit pas dit tout cela
à lui-même, avant que les autres se le dissent ? Croiez-vous
aussi qu'il ne se soit pas représen-
té, que comme cela étoit capable de le replonger dans la
guerre, dont il ne faisoit que
de sortir si heureusement ; il
devoit bien peser toutes choses, avant que de se détermi-
ner là-dessus ; oui, il se l'est dit
sans doute, & si nonobstant
toutes les objections qu'il s'en
est pu faire lui-même, il n'a
pas laissé de passer outre, c'est

qu'il

qu'il y a trouvé tant d'avantage, que celui qui se rencon-
troit pour lui d'un autre côté,
ne lui a rien paru en comparai-
son, ainsi faut-il s'étonner qu'il
ait succombé à la tentation,
lui qui n'y a point trouvé d'inconvenient, aussi devons-nous
croire qu'il a trouvé du remede
à toutes choses, & quoi qu'il
ne nous soit pas facile de le deviner, parce qu'il n'est pas
permis à tout le monde, sans
une présomption insupportable,
de pénétrer dans le secret d'un
si grand Roi, si est-ce pourtant,
que tout incapable qu'on s'en
reconnoit, on ne laisse pas quelquefois d'y vouloir fouiller tant
soit peu, je sai bien toûjours,
que pour moi je me donne quelque fois la liberté d'en raisonner
à ma fantaisie, je ne le fais
pour-

pourtant jamais qu'avec toute
la précaution, & tout le reſpeƈ
imaginable, ¡parceque je ſai
qu'il n'y a rien de plus dange-
reux que de vouloir pénétrer
dans ce qu'on n'a que faire, &
ſur tout dans le ſecret des puiſſances. Cependant ce reſpeƈ,
& cette précaution ne conſiſtent, ce me ſemble, maintenant qu'a rapporter les choſes
que je penſe, non comme des
faits certains, & ſur lequels on
doive faire un fonds tout aſſuré ; mais comme des conjeƈu-
res, qui ont quelque rapport à
la raiſon, avec cette circon-
ſpeƈion il n'y a point d'apparence que perſonne s'en choque,
ni qu'on nous puiſſe accuſer de
temerité. Mais avant que d'en
venir là voions un peu quels
ſont les avantages, que la Fran-

F 3   ce

ce peut tirer, d'avoir préferé le Teſtament au partage.

Il y en a pluſieurs ſans con-tredit, malgré tout ce que quelques politiques alleguent pour combattre cette opinion. Cependant le plus grand de tous, eſt celui que nous avons déja remarqué ci-devant, ſa-voir qu'elle a tellement abaiſſé par là la maiſon d'Autriche, qu'elle aura bien de la peine jamais à s'en relever. Il y en a auſſi pluſieurs autres, & c'eſt ce qu'il ne me ſera pas difficile de faire uoir ici.

Les démelés, qui regnoient depuis ſi long-tems entre la maiſon de France, & d'Eſpag-ne, avoient cauſé une ſi gran-de antipathie entre leurs ſujets, que quoi qu'entre marchans l'in-terêt ait coûtume de prevaloir

loir à toutes choses, on ne laiſ-
ſoit pas de remarquer, que les
negocians Eſpagnols aimoient
mieux avoir affaire à toute autre nation, qu'a la nation Françoiſe. Le voiſinage des deux
Roiaumes avoit beau faciliter
leur commerce, ils n'y avoient
d'ordinaire nul égard, parce
que le propre de la paſſion, eſt
de fermer les yeux à tout ce
qui paroit de plus clair aux autres, ils avoient beau mêmo
avoir affaire d'eux pour les toi-
les, qui ſont meilleures en
France, & de meilleur uſage
que dans pas un autre endroit
de l'Europe; ils aimoient mieux
bien ſouvent les tirer de la ſe-
conde main, que de paſſer par
les leurs. C'étoit aſſés que leur
perſonne leur fut desagréable,
pour faire que tout ce qui ve-

noit de leur part , ne le leur
fut pas davantage. Or comme
les principaux de la nation par-
ticipoient non feulement à ce
défaut ; parce que c'en eft toûjours un bien grand de fe laiffer
conduire aveuglement par des
piéjugés trompeurs, fans vouloir écouter la raifon ; Mais
comme , dis-je, bien loin de
n'y pas participer eux mêmes ,
ils l'emportoient encore de
beaucoup par deffus les autres,
comme ils avoient l'autorité
entre les mains , il n'y avoit rien
qu'ils ne fiffent pour interdire
toute forte de commerce entre
les deux nations. Ainfi ils a-
voient fait des défenfes trés-
rigoureufes de laiffer transpor-
ter en France de certaines marchandifes , dont ils croioient
que les François ne fe pouvoient
passer.

paſſer. Ils aimoient bien mieux les donner aux autres nations, quoi qu'ils n'en tiraſſent pas davantage, & même quelque-fois moins, que de les leur donner à eux, parce qu'ils les haïſ-ſoient, & qu'ils étoient ravis de trouver quelque occaſion de les mortifier. Auſſi ſe faiſoient ils un vrai plaiſir de ſavoir, qu'en les traittant de la ſorte, ils ſe-roient obligés de prendre ces marchandiſes des autres, & qu'ils les ſuracheteroient par ce moien.

Voila ce qu'eſt capable de produire l'antipathie, ſi neanmoins on ne puiſſe pas dire, qu'il n'entrat un peu de politique dans tout cela. En effet, quand on en veut à quelqu'un, on s'imagine aiſément, qu'on ne ſauroit mieux fàire, pour e-

nerver

nerver les forces, que d'inventer toutes sortes de moiens pour
l'abaisser. Mais c'est ce qui
n'arrivera plus présentement,
puis que ces deux nations se
trouvent non seulement recon-
ciliées ensemble aujourd'hui ;
mais encore dans une union si
étroite, qu'elles en donnent de
la jalousie à toute l'Europe.
Il en arrivera même peut-être
bien autrement, avant qu'il soit
peu, puisque si le nouveau Roi
d'Espagne, à l'exemple de ce
qu'il a veu faire en France,
n'introduit pas des Manufactures dans son Roiaume, sur tout
des Manufactures de Draps,
comme il est pourtant de son
interêt, il est tout evident que
ce seront présentement les François, qui auront la préférence
des laines d'Espagne, & que
les

les autres nations n'en auront
que quand ils n'en voudront
plus. Peut-être même pren-
dront-ils tout ce qu'il y en aura, si bien, qu'au lieu qu'ils
les tiroient ci-devant des autres nations, les autres nations
maintenant les tireront d'eux.

Quoi qu'il en soit, la France
dans la parfaite intelligence qui
va regner présentement entre
le nouveau Roi, & elle, ne va
pas manquer à s'en prévaloir,
pour débiter dans ses Roiaumes, tout ce qui se faisoit en
Espagne; Car quoi qu'on dise
d'ordinaire Drap d'Espagne,
& même que ce soit en parlant
des plus beaux, & des plus
fins, il ne s'en fait point neanmoins en ce païs-là, à moins
que ce ne soit pour habiller des
païans, ou des gens de la lie

F 6 du

du peuple. Que si par hazard,
comme même tout le monde
n'en doute pas, ceux de Hollande se trouvent beaucoup meil-
leurs, & même à beaucoup
meilleur marché que ceux de
France, ce n'est pas à dire pour
cela qu'ils soient assurés d'en a-
voir long-tems le débit ; la politique fait inventer les moiens,
pour en augmenter bien-tôt le
prix ; les Hollandois étoient
maîtres, pour ainsi dire, des
laines d'Espagne, & en tiroient
à profusion, s'ils n'en peuvent
plus tirer, comme ils faisoient
auparavant, n'est-il pas vrai que
voila tout leur commerce perdu
à cet égard, d'ailleurs ils n'a-
voient pas de gros droits à paier
pour les sorties ; on les rehau-
sera peut-être, comme on a fait
en France, depuis l'établissement

ment de ſes Manufactures ;
On ne leur permettra peut-
être pas même tout à fait
d'en tirer, comme cela ſe
pratique en Angleterre, à
l'égard des leurs. La choſe
ne dépend que des Manufactures, qui s'établiront par la
ſuite en Eſpagne ; Mais qui
doute que l'on n'y en établiſ-
ſe, puisque cela s'eſt déja fait
il y a quelque tems. On y
avoit fait venir, un nommé
baile de Montpellier, qui y
étoit aſſés entendu. Les E-
ſpagnols lui avoient fait de
grands avantages pour y tranſ-
porter ſon domicile ; Mais
comme les deux couronnes
n'étoient pas bien enſemble
comme elles ſont aujourd'hui,
on ne vit en France qu'avec
jalouſie ce nouvel établiſſement.

F 7   Ainſi

Ainſi l'Ambaſſadeur que le Roi trés-Chrétien avoit à Madrid, eut ordre de gagner *baile*, pour l'obliger de s'en retourner à Montpellier. Deux mille Louis d'Or qu²il lui promit, avec une autre Manufacture, dont on lui donneroit la direction en France, l'obligerent à croire l'Ambaſſadeur ; Mais l'emploi qu'on lui avoit fait eſpérer ne venant point, comme il ſe préparoit à s'en retourner en Eſpagne, on le ſut par malheur pour lui, de ſorte qu'il fut arrêté. L'on alineâ voit par là que le deſſein des Eſpagnols à été déja d'établir des Manufactures chez eux, afin de priver les étrangers de l'avantage qu'ils tiroient de leurs laines; il y a donc bien de l'ap-

pa-

parence, qu'ils le poursuivront maintenant sous le regne d'un Prince, qui voudra se regler sur l'exemple que son grand Pére lui a donné. D'ailleurs il y a déja des François dans son conseil, ce que les Espagnols ont demandé eux - mêmes, afin qu'ils suppléent par leurs avis, à ce qui manque encore à sa Majesté Catholique, à cause de sa grande jeunesse, pour rétablir l'Espagne dans son ancienne splendeur. Au reste que peut-on conclure de tout ceci, si non que voilà en apparence un des gros Commerces de Hollande à bas. Il étoit déja bien diminué, depuis qu'il n'alloit plus en France; ce sera encore toute autre chose quand il n'ira plus en Espagne. Or la France regarde

regarde cela comme un coup
d'importance pour elle; pour
quoi cela je vous prie? parce
qui si les Provinces Unies ne
lui donnent pas de jaloufie,
parce qu'elles n'entreprennent
rien fur leurs voifins, toûjours
lui donnent-elles de l'ombrage,
parceque depuis quelque tems
elles s'oppofent à fa grandeur.

Ce que je dis ici de la Hollande, je le dis tout de même
de l'Angleterre, dont la Mar-
chandife de Draperie fait une
partie de la richeffe. Ce que
je dis auffi de ce commerce,
je le dis pareillement de tous les
autres, que ces deux nations
peuvent faire en Efpagne: la
France, qui a interêt de les
ruiner, pour abbatre ces deux
puiffances, qui lui ont fait tant
de

de peine dans la derniere guerre, croit apparemment y réüſſir
par l'élévation de Philipes V.
ſur le Trône d'Eſpagne ; Ainſi
elle n'avoit garde qu'elle ne
préferat le Teſtament au partage, parce qu'elle voioit déja
la maiſon d'Autriche abbatue
par là, & que d'ailleurs elle
eſpére de miner inſenſible-
ment, & preſque ſans qu'on
s'en apperçoive, les deux nations, qui ſont ſeules capables de s'oppoſer à ſes vaſtes
deſſeins. Car qu'on ne me
parle point des autres puiſſances, pour faire un coup comme celui-là ; le Roi trés-Chrétien eſt plus fort lui ſeul, que
tous les autres Princes enſemble, & à moins que ces deux
Etats ne s'en mélent, il en auroit bien-tôt le deſſus.

Ce-

Cependant, pour en dire la verité, il n'eſt pas ſi facile, que l'on s'imagine, de ruiner ces deux nations; ſa Majeſté trés - Chrétienne a déja renverſé dans ſon Roiaume le commerce de Draperie, que les Hollandois y faiſoient avec tant d'avantage; elle en a fait tout de même à l'égard de l'Angleterre, & quand même elle y réüſſiroit encore à l'égard de l'Eſpagne, ce n'eſt pas à dire pour cela, que ces deux nations en ſoient gueres moins floriſſantes, du moins peut-on dire, quand on conſidére les choſes avec attention, que ſi elles ont fait quelque perte, en perdant le commerce dont nous venons de parler, celui qu'elles ont en mille autres endroits, fait que ſi elfi elles en foufrent , c'eft de quoi l'on ne s'apperçoit pas , excepté quelques ouvriers , qui n'ont plus eu tant de travail, mais qui en ont bien-tôt retrouvé d'un autre côté, où a t-on veu que le Roiaume d'Angleterre, & la Republique de Hollande en aient perdu leur fplendeur ? Ils ont du moins parmi les obftacles qu'on leur peut apporter de ce côté là, cette confolation que beaucoup d'autres nations n'ont pas ; & cette confolation eft, qu'il leur refte toûjours une porte extremement fpacieufe , ponr tranfporter leurs Marchandifes par tout ou bon leur femblera. Ainfi quelques ennemis , ou quelques envieux pu'ils puiffent avoir, on ne leur fauroit ôter cette reffource , parceque

ceque perſonne ne paroit capable de leur fermer cette porte.
C'eſt auſſi ce qui les fera toûjours fleurir au ſentiment de
tout le monde, parce que plus
le commerce s'étend loin dans
un Etat, plus il ne ſauroit manquer d'être toûjours floriſ-
ſant.

Il eſt vrai que ſi la guerre
ſurvient par hazard entre ces
deux Etats, & les deux couronnes, ils ne ſauroient s'ém-
pêcher d'en recevoir quelque
inconvenient. Les voila reduits
apparemment aux eaux de vie,
& aux vins d'Allemagne, à moins
qu'ils ne veüillent ſe contenter
pour toute boiſſon d'eau de vie
de grain, & de biere. Mais
c'eſt ce qu'ils ne feront pas,
& même ce qu'ils ne ſauroient
faire, par rapport à la ſituation.

tion de leur pais, & encore par
rapport à leur propre neceſſité,
la Hollande ſur tout a beſoin
de ſe réchauffer par quelque
choſe de ſolide. Les perſonnes
qui y ſont nés quelque choſe,
ou qui y ont amaſſé quelque
bien, ſe paſſeroient plutôt de
chemiſe, que de s'abſtenir de
vin, & quelquefois d'eau de
vie. Ils aiment même le vin de
France par deſſus tous les autres, en quoi ils n'ont pas grand
tort, parce qu'il eſt plus naturel, & plus ami du cœur, que
ne ſont les vins d'Eſpagne, &
ceux de Portugal. Or celui
d'Allemagne, dont la porte leur
demeure toûjours ouverte, auſſi
bien que celle de la mer, eſt
naturel, ſi vous le voulez, mais
ne rappelle point ſon homme,
en quoi conſiſte néanmoins tout
l'agré-

l'agrément du repas ; & par consequent celui de la débauche.
Il n'a ni qualité , ni chaleur,
ce qui n'accommode pas des
gens , dont le temperament est
flegmatique , parceque chacun
tient de la nature de son païs,
ainsi ils ne veulent boire que
pour se réchaufer , & pour s'a-
nimer ; sans cela ils aimeroient
autant ne boire que de l'eau. Il
est vrai , que ces peuples pourront en aller chercher en Italie , & en faire des Magasins
à Genes, & à Livourne; mais
la difficulté sera de les amener
à bon port. Il faudra, comme
nous avons déja dit , que toutes les fois qu'ils en voudront
avoir , ils aient une armée navale pour escorte. Au reste le
jeu n'en vaudroit pas la chan-
delle , & pour faire une telle
dé-

dépenſe pour ſi peu de choſe, il faudroit être né ſuiſſe, c’eſt à-dire ne reconnoître point d’autre Dieu que le vin.

L’Avantage, que la France trouve encore en préferant le Teſtament au partage, c’eſt que de prim-abord voila quarante mille hommes qu’il lui faut de moins, qu’il ne lui en faloit par le paſſé, lorsqu’elle avoit la guerre contre l’Eſpagne. Il lui faloit vingt-quatre, ou vingt-cinq mille hommes en I-talie, parce que les Etats qu’y poſſede cette Monarchie, y attiroient de toute neceſſité de grandes hoſtilités de part & d’au-tre, ſur tout depuis que le Roi trés-chrétien y poſſedoit Caſal, place qui tenoit tout ce pais là en reſpect, en jalouſie. Il lui en faloit encore quinze ou ſeize mille

mille en Catalogne, & même
quelquefois davantage, comme à la campagne de Barce-
lone. Au reste il ne lui en
faudra plus du tout ni d'un côté ni d'un autre, principalement si l'on doit ajouter foi
au bruit qui court touchant les
Princes d'Italie. Mais il me
paroit que devant que de se fier
à cette nouvelle, elle mérite
bien confirmation. L'Empereur ne fait pas marcher ses
troupes pour rien de ce côté-là,
comme l'on apprend qu'il fait
maintenant. S'il n'étoit comme assuré que quelques uns de
ces Princes, ou peut-être même
la plupart lui préteront la main,
oseroit-il faire ce coup là? Cependant j'entens dire à bien
des gens: qui est-ce qui y osera
lever la tête, maintenant que
les

les deux couronnes font de bonne intelligence ; ne feroit-ce, pas le moïen de s'en repentir bien-tôt ? Il eft vrai que cela paroit évidemment, en l'état que les chofes font aujourd'hui, mais comme l'Empereur eft trop fage, pour faire la démarche qu'il fait préfentement, fans être affuré de quelque chofe ; je crois que la réponfe qu'il y a à faire à cela, c'eft qu'il faut fe donner patience, & qu'avec un peu de tems on fera inftruit de tout. Les Italiens ne font pas feulement de grands politiques; mais encore de grands fourbes. C'eft de là que fortit *Machiavel*. Combien y a t-il fait de difciples, dont la pofterité s'eft confervée jufques ici ?

Je fai même que quelques uns, pour authorifer le foupçon

G que

que l'on doit avoir, que ces
Princes ne font pas tout à fait
contens de voir les deux couronnes reunies, comme en une
feule, par la bonne intelligence qui regne maintenant entr'elles, citent à propos de cela, ce qu'a fait le Pape d'aujourd'hui, dés les premiers jours
de fon pontificat. Il a d'abord
commencé, difent-ils, à faire
voir qu'il vouloit marcher fur
les traces d'Innocent XI. en
faifant qu'il ne foit plus parlé
du tout du droit des franchi-
fes, pour lequel il s'émut une
fi grande querelle de fon tems.
Ils ajoutent en même tems à
cela, que fi comme l'on fe l'i-
magine, il prétendoit garder
de fi grandes mefures avec les
deux couronnes, il eut été plus
retenu, qu'il n'a été, à faire
mar-

cher, comme il a fait, les
Sbirres par tous les quartiers des
Ambaſſadeurs, non ſeulement
pour montrer qu'il n'y avoit
point à Rome d'autre maître
que lui, mais encore, que l'intime union qui paroiſſoit maintenant entre la France & l'E-
ſpagne, ne l'empêcheroit jamais de faire tout ce qu'il ju-
geroit convenable pour ſa reputation, & pour ſa grandeur.

Je ne diſconviens pas que le
fait ne ſoit hardi, & même
d'un grand politique; hardi en
ce qu'il a ſemblé morguer par
là les deux couronnes, même
dans le tems qu'elles paroiſſent
le plus formidables à toute
l'Europe; politique, parce-
qu'il a bien fait de choiſir une
conjoncture comme celle d'a
preſent, pour entreprendre ce

qu'il

qu'il a fait. Il fait que ces
deux couronnes ont interêt de
fe ménager avec lui; ainfi il n'a
pu mieux choifir fon tems,
pour faire éclater fon' genie,
& le peu de difpofition qu'il
auroit à foufrir qu'on voulut
empieter fur fon authorité. Cependant quelque conclufion
qu'on prétende tirer de cette
démarche, qu'eft-ce que cela a de
contraire à la confidération,
& au refpeét, que les puiffances d'Italie font obligées, comme malgré elles, d'avoir pour
les deux couronnes? Le pouvoir de la fainteté feroit bien
petit, & l'on pourroit dire même, que dans la grande élévation, ou il a plu à Dieu de la
mettre, elle feroit bien mal-
heureufe, fi l'on prétendoit
qu'il y eut autant de maîtres,
juf-

jufques dans fa capitale, qu'il
y a d'Ambafladeurs. Ne feroit-ce pas l'attaquer par l'endroit le plus fenfible, puifque
ce feroit lui difputer le droit
de fouveraineté, dont les pon-
tifes Romains fe montrent bien
autant jaloux pour l'ordinaire,
que de la qualité de Vicaires de
Jefus-Chrift ? Sa fainteté, en
faifant ce qu'elle a fait, n'a
point prétendu toucher aux an-
ciens droits des Ambafladeurs.
Ces droits ne s'étendoient
autrefois que dans l'enceinte de
leur palais; par fucceffion de
tems on fit paffer les maifons
voifines, pour être de cette enceinte, & puis infenfiblement,
en ajoutant tous les jours une
maifon à l'autre, on étendit à
la fin ce droit à tout un quar-
tier. C'eft à quoi Innocent XI.

G 3   vou-

lut apporter remede, non pas
tant néanmoins par un efprit de
domination, comme quelques
uns lui ont attribué, que par
un efprit de vengeance.

En effet il faut favoir que la
chofe, qui n'étoit d'elle même qu'une bagatelle, par rapport au Roi trés-chrétien, eut
été affoupie en même tems de
part & d'autre, fans avoir tant
de fuites, fi ce n'eft qu'on étoit
envenimé des deux côtés. Mais
la France étant mécontente du
Pape, & le Pape de la France,
la France, parceque fa fainteté
en toutes rencontres favorifoit
ouvertement les Efpagnols à fon
préjudice, fa fainteté, parce
que le clergé de France, dans
fon affemblée de 1682. avoit
prononcé contre fon infaillibilité prétendue, & encore parce
que,

que, son Nonce étant mort à Paris sur ces entrefaites, sans avoir eu recours au Curé de la paroisse, pour lui administrer les Sacremens, on avoit été quelque tems sans le vouloir enterrer; Or tout cela, dis-je, aiant enfanté un fantôme terrible dans l'esprit des deux parties, ou plutôt y aiant coulé beaucoup de venin, le Pape se servit de cette occasion, pour pousser les choses jusques au point que tout le monde sait. Le Roi de son côté, qui n'en vouloit pas avoir le démenti, poussa les choses encore plus loin. Mais ce n'est plus aujourd'hui la même chose; la France, ou pour mieux dire, sa Majesté, sous l'authorité de qui se forma l'assemblée, dont je viens de parler, s'étant dési-

G 4   stée

ftée dans la suite, de tout ce qui y avoit été resolu, soit par politique, ou pour parler plus naturellement, parceque le tems ne lui permettoit plus de toucher cette corde, a assoupi par là le ressentiment des Papes, qui se soulevent d'abord terriblement, qu'ils s'appercoivent qu'on la veut toucher. Cette prétendue infaillibilité est le plus beau fleuron de leur thiare; d'y toucher c'est les prendre par l'endroit le plus sensible; dequoi amuseroient-ils les Ultramontains, s'ils n'avoient à les repaître de cette chimere. Le sentiment commun des Catholiques est bien, que le Pape est infaillible à la tête d'un Concile Oecumenique ; mais non pas en qualité de Pape, quand même il seroit à la tête

de

de tous les Cardinaux. Mais
sans nous mettre autrement en
peine d'expoſer ici quelle eſt
la croiance de l'Egliſe à cet é-
gard, contentons nous de dire,
que l'on voit de tout ce que
nous venons de raporter, que
la démarche que le Pape d'aujourd'hui vient de faire, n'a
rien qui repugne à la conſidération que les Princes d'Italie
témoignent aujourd'hui pour
les deux couronnes; Ainſi il
ne nous paroît pas que cette
objection puiſſe impoſer beaucoup à cet égard.

Mais enfin, me dira t-on
peut-être encore, s'il eſt aiſé
de comprendre par les raiſons
que vous venez de déduire, &
par une infinité d'autres, qu'on
peut bien ſe repréſenter ſoi-
même, ſans qu'il ſoit neceſſaire

G 5   de

de les fpecifier par le menu ,
que la France trouve en effet ,
quant à prefent, un grand a-
vantage dans fon union avec la
couronne d'Efpagne ; comment
ferez-vous voir, qu'il en foit de
même à l'avenir ? Comment
ferez-vous voir auffi , qu'elle
ait dû préferer le Teftament au
partage, fans s'expofer encore
à une guerre plus cruelle, que
celle dont elle ne fait que de
fortir ? Car enfin de l'avoir fait
non feulement fans la partici-
pation des deux puiffances, qui
s'étoient mélées du partage,
mais encore fans leur en faire
au préalable la moindre honnê-
teté , ne m'avoüerez-vous pas
que c'eft avoir attiré leur jufte
reffentiment , puis qu'il n'y a
rien qui marque plus de hauteur, pour ne pas dire quelque
chofe

chofe de pis que d'en ufer de
cette maniere ? Ne m'avoüerez-
vous pas auffi, que plus fa Majefté y trouve d'avantage, plus
ceux, qui ont déja de la jaloufie de fa grande puiffance, ont
fujet de s'en allarmer ? L'on
voit même, ajoutera t-on
auffi fans doute, qu'il peut re-
fulter de cette union, quantité
de chofes fur lequelles vous ne
jugez pas à propos de vous expliquer. L'on connoît à peu
prés les raifons que vous en pou-
vez avoir, & bien loin de les
defapprouver, on trouve au
contraire que vous faites bien,
parce qu'il n'eft pas toûjours à
propos de dire tout ce que l'on
penfe. On les comprend bien
néanmoins, parceque, quelque
miftere que l'on affecte, on ne
fe rend pas toûjours impénétrable

trable à ceux, qui font profef-
fion d'entendre les chofes à de-
mi mot. On les devine bien
même, quand il en eft befoin,
fans qu'on s'en explique ni peu,
ni beaucoup, parce que l'efprit
s'ouvre à mefure qu'on dit une
parole ; de forte qu'il comprend tout ce qu'on veut dire,
quoi qu'on n'ofe pas s'en expliquer. Ha! je fuis ravi que l'on
me faffe cette objection, parce
que cela me donnera lieu de parler d'une chofe qui doit faire le
principal fujet de cet ouvrage.

Quand le Roi trés-Chrétien
a préferé le Teftament au partage, il eft fans difficulté, comme nous avons déja dit, qu'il
a bien fu ce qu'il faifoit. Par le
partage les forces de l'Efpagne,
quoi qu'affoiblies par la perte
des Etats, qu'elle poffedoit en
Ita-

Italie, fous la domination de
fes Rois précedens, n'euffent
pas laiffé encore d'être trés-con-
fidérables, fous le régne d'un
Prince, qui eut fû gouverner
fes Roiaumes d'une autre maniere, que n'ont fait les trois
derniers Rois. Quoi que le
confeil de l'Empereur, fuivant
du moins le bruit commun, ne
paffe pas pour un prodige en
matiere de politique, auffi ne paffe t-il pas pour être un des moin-
dres qu'il y ait dans les cours
de l'europe, le manege qu'il
fit, lors de l'élection du dernier Roi de Pologne, ou fes
deffeins furent impénétrables à
l'Abbé de Polignac, & à tous
ceux qui s'intereffoient comme
lui, en faveur du Prince de
Conti, jufques au moment de
l'election du Duc de Saxe, en

fait

fait foi, quand même on feroit
d'humeur à n'en pas vouloir convenir. Ainſi l'Archiduc ſe trouvant aſſiſté de ſon ſecours, eut
peut-être avec le tems fait re-
vivre en Eſpagne, ce que l'on
y voioit du tems de Charles
Quint, & de Philipes 2. C'eſt
ce que ſa Majeſté trés-Chrétienne ne vouloit pas, comme
nous avons déja dit; C'eſt auſſi
ce qui lui a fait mépriſer les
avantages qu'il trouvoit pour ſa
couronne dans le partage, dont
l'on a déja parlé tant de fois;
Au reſte cette matiere étant
pleinement éclaircie, il ne nous
reſte plus ſeulement qu'a faire
voir, comment il a cru pouvoir
non ſeulement parer les coups,
que la jalouſie des puiſſances
voiſines étoit capable de lui
porter dans une occaſion com-

me

me celle-là ; mais encore prévenir tout ce que dans la fuite des
tems il pourroit arriver de fâcheux entre les deux couronnes.

Qui font, je vous prie, les
puiſſances les plus intereſſées
dans ce grand évenement, font-
ce les Hollandois, ou bien
l'Empereur ? Si j'en conſulte
tout ce qu'il y a de gens de
bon ſens, & qui jugent des
choſes ſans paſſion, ils diront
ſans doute que ce ſont les Hollandois. Ils ne s'amuſeront
point à entrer dans l'eſprit de
certains Allemans, qui ſoutien-
nent, qu'il n'y a perſonne qui
à beaucoup prés, y ait tant
d'interêt, que ſa Majeſté Imperiale ; ils ſe garderont bien de
dire, comme eux, qu'on lui
ravit la plus riche ſucceſſion
qui put jamais tomber à un
Prince ;

Prince; une succession compo-
sée de plusieurs couronnes, &
qui faisoit un si bel établissement à l'Archiduc Charles. Ils
ont raison de parler de la sorte,
par rapport à leur naissance,
parce qu'il sied toûjours bien
à un sujet, de desirer l'avantage de son souverain, & de
tous ceux qui lui appartiennent;
Ils ont raison, dis-je, de tenir
ce discours non seulement par
là ; mais encore par rapport
aux grandes espérances, dont
se flatoit sa Majesté Imperiale,
& par rapport aussi aux belles
apparences qui étoient pour elle.
Mais ils ne l'ont pas, quant
au droit, & c'est ce que la
France est prête de soutenir en
toutes rencontres. Aussi le
droit, que cette couronne a
elle même dans cette succession,
paroit

paroit' si bien fondé à quantité
de gens, que quoi que leur
naissance & leur inclination les
portent à desirer son élévation,
& sa grandeur, ils ne croient
pas néanmoins que ce soit par
là, qu'ils se trouvent disposés
à porter leur jugement à son
avantage. Ils sont persuadés
bien plutôt, que c'est la droite
raison qui les y oblige, de sorte que rien ne les en sauroit
desabuser.

Et en effet, si l'Empereur
avoit aussi bon droit à cette
succession, que ses partisans le
publient, pourquoi n'y insiste-
roit-il pas aujourd'hui, tout de
même qu'il fait sur la Duché
de Milan? Il faut donc convenir, que puisqu'il semble se
désister de cette prétention,
(& que d'ailleurs la raison paroit

roit contre lui,) il faut donc
convenir, dis-je, que ce n'eſt
pas lui par conſequent, qui a
le plus d'interêt à la choſe,
qui eſt-ce donc, me dira t-on,
& qui peut y avoir plus d'interêt, qu'un Prince qui croioit
qu'une ſi belle ſucceſſion ne
pourroit jamais échaper à l'un
de ſes enfans ? Ce ſont les Hollandois, comme nous venons
de dire, parceque s'étant ſou-
ſtraits autrefois, comme tout
le monde ſait, de la domination d'Eſpagne, & même pour
des cauſes qui ont paru legiti-
mes, même à la France, puiſ-
qu'elle les y aſſiſta en ce tems-
là, tout ce qui peut leur faire
craindre qu'on ne penſe un jour
à les y faire rentrer, leur doit
être toûjours ſuſpect. Au reſte
ce doit être encore bien pis,
quand

quand par un évenement impréveu & aussi considérable
que le peut-être celui-ci, il
semble qu'on en veuille prendre le chemin, ou du moins
qu'on le puisse faire, quand
on en aura la volonté. Car
il en doit être de cela, comme de ce que nous voions
arriver de fois à autre en Angleterre, d'abord qu'il semble
qu'on y ait envie d'y rétablir
la religion Catholique, tout
aussi-tôt tous les grands en
prennent l'allarme, ni plus
ni moins, que si l'on parloit
déja de les envoier au suppli-
ce. L'on diroit effectivement,
toutes les fois que cela arrive, tant ils en sont conster-
nés, qu'il en soit de même
d'eux, que de ceux qui après
la mort de Cromwel, appréhendoient

hendoient le rétablissement de
Charles II, sur le Trône,
parce qu'ils savoient bien
qu'ils étoient coupables de
l'éxécrable parricide, qui a-
voit été commis en la personne de son Pére, d'où vient
cela, je vous prie? Est-ce le
zele de la religion Anglicane,
qui leur inspire tant de mouvement, ou n'est-ce point plutôt autre chose ? Si vous le
demandez au menu peuple,
il vous répondra aussi-tôt, que
c'est le zele qui les anime,
& même que ce seroit un
péché mortel d'en douter.
Sur quoi est fondée cette réponse, sur ce qu'il a beaucoup de zele lui-même, &
qu'il croit que tout le monde lui doit ressembler? Il est
assés ignorant pour ne pas savoir,

voir, que ce n'eſt 'pas chez les grands qu'il faut chercher de la religion ; Car s'il le ſavoit, il ſauroit auſſi en même tems que ce n'eſt rien moins, que ce qu'il penſe, qui dans les occaſions, dont nous venons de parler, fait l'effet que nous venons de dire. S'il y a quelque choſe qui faſſe mouvoir les grands d'Angleterre avec tant de chaleur, ce n'eſt que la crainte de perdre, les uns trente mille livres de rente, les autres plus, les autres moins, qu'ils poſſedent des biens d'Egliſe, dont la Reine Eliſabeth leur fit preſent, lors que, pour abolir tout à fait la Religion Catholique, qui avoit déja commencé à ſoufrir beaucoup en ce païs là, ſous le regne de Henri VIII.

ſon

ſon Pére, elle jugea à propos de s'aſſurer de leurs ſuffrages par cette liberalité.

Au reſte, ſi l'interêt fait faire tant de choſes, au préjúdice même quelquefois de ſa conſcience, puis qu'il ſe peut faire, qu'il ſe trouve encore quelques-uns entre ces grands, qui ſoient Catholiques dans leur ame, ſoit que leurs péres, ſucceſſivement de l'un à l'autre, leur aient tranſmis de ſentimens conformes à l'ancienne Religion, ou qu'ils les aient appris du Roi Jaques, ou de Charles II. ſon frére; au reſte, dis-je, ſi l'interêt eſt capable de faire mouvoir ſi fort des particuliers, à plus forte raiſon, que ne doit point faire tout' un peuple, qui peut concevoir de l'ombrage, qu'on n'en veüille bien-tôt à ſa liberté?

liberté? Ce n'eſt pas d'aujour-
d'hui que' les Hollandois ont
conceu de la jalouſie des grands
deſſeins de la France; dés qu'-
elle leur envoia du ſecours contre *Bernard d'egale*, Evêque de
Munſter, toutes ſes démarches
leur furent extrémement ſu-
ſpectes. Ils crurent s'apperce-
voir, que quelques-uns d'entre
ceux, qui étoient le plus diſtin-
gués parmi ces troupes auxiliai-
res, & qui même pouvoient
être chargés des ordres de la
Cour, avoient bien plus de
ſoin d'obſerver la ſituation de
leur pais, la force de leurs places, & celle de leurs gens de
guerre, que de toute autre
choſe. Ils en eurent du moins
le ſoupçon, quoi que cela ſe
fit peut-être bien moins de deſſein prémedité, que d'un certain

tain efprit de curiofité, qui eft
naturel aux honnêtes gens, fur
tout aux François, qui font
bien aifes de favoir toutes fortes de chofes.

Et en effet foit qu'on aille à
la guerre, ou qu'on voiage,
n'eft-il pas bon qu'un homme
d'efprit ne s'en retourne pas,
comme pourroit faire un imbe-
cile ? quel honneur auroit-il
qu'on dit de lui, qu'il auroit
autant valu pour lui d'être
aveugle, que d'avoir fait la
guerre, ou d'avoir voiagé comme il a fait ? Pour peu qu'un
homme ait de bon fens, il fe
montre toûjours curieux, fur
tout dans un pais étranger, ou
il ne fait pas s'il reviendra jamais, & ou par conféquent il
ne doit pas perdre l'occafion
de voir de fes yeux, & d'apprendre

dre des autres, tout ce qu’il y
a qui peut remplir son esprit.
Quand il ne le feroit pas pour
lui même, il le doit faire pour
l’amour des autres, qui n’auront jamais été en ce pais là,
& qui seront bien aises de savoir
de lui, tout ce qui s’y trouve
de rare, & de curieux. Cependant cette opinion s’est si
bien gravée dans l’esprit de
tous ces peuples, & même
parmi les gens qui passent le
commun, qu’on ne les en a jamais pu desabuser. Ils se font
même fourré bien autre chose
dans la tête, dont ils font tout
aussi persuadés. C’est que dans
le même tems, l’Evêque de
Munster ne paioit son armée
qu’en Louis d’Or, d’ou ils con-
cluent qu’ils ne les eut pu a-
voir, s’ils ne lui eussent été

H   don-

donnés pour leur faire la guerre. Or si cela étoit vrai, comme je n'ai gardé de le dire, il
s'enfuivroit que ce Prince même, qui leur envoioit du secours pour les défendre, avoit
fait en sorte que ce Prélat les
vint attaquer.

Quoi qu'il en soit, les Hollandois ne pouvant se défaire de
cette prévention, ne songerent
plus qu'à faire la paix avec leur
ennemi, pour renvoier chez
eux des gens, qu'ils croioient
devoir regarder plutôt comme
des espions, que comme leurs
amis, & leurs liberateurs. Cependant, comme il est ordinaire, que quand on se défie
une fois de quelqu'un, cela va
toûjours de pis en pis, rien ne
leur couta pour renvoier chez
eux des hôtes si suspects. Ils
firent

firent un traité avec l'Evêque tout le plutôt qu'il leur fut possible, & s'en étant défaits de cette maniere, ils crurent alors pouvoir respirer avec plus de liberté. Depuis cela ces peuples ont eu des mouvemens encore plus pressans, par rapport au dessein qu'ils ont cru que le Roi trés-Chrétien avoit fait de les soumettre un jour sous sa puissance, lui qui avoit été jusques là leur allié, & même en quelque façon leur protecteur. Car il faut savoir que même cette fois là, l'Evêque les pressoit vivement, & qu'après leur avoir déja pris quelques places, il comptoit bien encore de leur en prendre d'autres, quand le secours de France qui leur étoit arrivé l'obligea de modérer son ambition.

H 2   Cette

Cette cräinte ne les fit point
balancer de faire une ligue contre lui, lorsqu'en 1667 il déclara
la guerre à l'Espagne. En 1672.
ils en porterent bien la peine ,
& peu s'en falut qu'une Répu-
blique si puissante ne fut assu-
jettie en moins de deux mois.
Cela l'a fait tenir depuis sur ses
gardes , desorte que , quand
elle vit qu'en 1688 c'étoit encore bien pis qu'en 1672. par
la grande union, qui étoit entre sa Majesté & le Roi d'Angleterre , elle hazarda le tout
pour le tout , pour se délivrer
du peril on elle se croioit. Tous
les ennemis de la France , ou
tous ses envieux se joignirent
à elle , espérant que par la dé-
claration presque générale de
toutes les puissances de l'Europe contre cette couronne ,
elle

elle deviendroit bien-tôt moins formidable à ceux, qui avoient sujet de l'appréhender. Mais cela n'aiant servi qu'à leur faire connoître ses forces, & à les lui faire connoître à elle-même, parce qu'elle ne savoit pas auparavant jusques où elles alloient; qu'elle crainte n'en doit-on point avoir maintenant, que sa puissance, déja si formidable en ce tems-là, le devient encore tout autrement aujourd'hui, par l'étroite union qui se trouve entre cette couronne & celle d'Espagne?

Et en effet, les Hollandois sur tout semblent avoir lieu de l'appréhender, eux qui savent ce qui leur pensa arriver en 1672. Il est vrai que les choses sont bien changées pour eux depuis ce tems-là, non pas de bien,

H. 3 en

en mal, mais de mal en mieux.
Ils s'étoient comme endormis,
à l'ombre de leur puissance,
dans une dangereuse sécurité;
Ils ne s'appliquoient qu'à leur
commerce, sans songer nullement à faire fleurir les armes,
parceque, comme ils n'en vouloient à personne, ils avoient
lieu de croire que personne ne
leur en vouloit. Mais au-
jourd'hui ils sont bien revenus de cette maxime; de sorte
qu'ils ont autant de soin de
faire fleurir l'un que l'autre.
Cependant avec une si sage
précaution, se trouvent-ils aujourd'hui tout à fait en seureté? Non. En 1672. quand
le Roi leur voulut faire la
guerre, comme les Espagnols,
bien loin de s'empresser de lui
donner passage pour les venir
con-

conquerir, fe tenoient eux mêmes fur leurs gardes, il lui
falut prendre un furieux dé-
tour, avant que de pouvoir
entrer dans leur pais. Il pouvoit à la verité, fans leur en
demander permiffion, y entrer
par Maeftrict, qui n'étoit qu'a
quatre ou cinq lieües d'une
des principales villes de l'Archevêque de Cologne fon ami
& fon allié; mais quelque
grande que fut fa puiffance,
cette place l'aiant tenu en
quelque forte de refpect, parceque non feulement elle é-
toit forte d'elle-même, mais
encore qu'elle étoit défendue
par une puiffante garnifon, il
lui falut acheter par une marche longue, & penible, ce
qu'il aura préfentement quand
il voudra, fans avoir la moin-

H 4   dre

dre peine, s'il eſt vrai, comme perſonne n'en doute, qu'il
ait un plein pouvoir ſur tous
les Etats qui compoſent la Monarchie Eſpagnole; & par conſequent ſur la Flandre, auſſi
bien que ſur tout le reſte,
qui le peut empêcher d'entrer,
quand il voudra, ſur les terres
des Provinces Unies? Voila
dequoi leur donner bien à pen-
ſer; d'où je n'ai pas de peine
à en revenir à ma theſe, qui eſt
qu'il n'y a point de puiſſance
dans toute l'Europe, qui ait
tant d'interêt à ce qui ſe paſſe
aujourd'hui, que celle dont je
parle maintenant.

Auſſi pour en revenir par même moïen à mon ſujet, qui eſt
que le Roi trés-Chrétien a bien
ſu ce qu'il faiſoit, quand il a
accepté le Teſtament, au préjudice

judice du partage ; je dirai,
que comme il a bien reconnu
que ces peuples seroient les seuls
interessés à la chose, & même
les plus en pouvoir de s'oppo-
ser à ses desseins, je dirai, dis-
je, que comme il a bien veu
qu'il auroit bon marché des autres, pourveu qu'il les pût mettre en quelque sorte de seureté,
c'est à quoi il s'est resolu du
moment qu'il a rejetté le partage pour accepter le Testament.
Il ne s'est pas soucié de tout ce
que les autres puissances en pourroient dire, pourveu que celle
là, & le Roi d'Angleterre en
fussent contens. Or c'est ce qui
n'est pas bien dificile à faire,
principalement à l'égard de la
Hollande, & c'est ce qu'il nous
faut examiner présentement,
suivant le plan que nous nous en

som-

sommes fait. Premierement,
si nous venons à considérer l'Europe, par rapport à l'état present, il est constant que tout
ce qu'il y a de puissances, qui
se font rendre une espece de respect par les autres, ont plus
besoin presentement de répos,
que de guerre. Aussi dans la
derniere que l'on a faite, il n'y
en a pas une seule, qui ne se
soit endettée par dessus les
yeux. Tellement que l'on peut
dire avec certitude, que si elles en venoient maintenant à
une rupture, ce seroit dequoi a-
chever de les abîmer entierement. Le Roi trés-Chrétien
doit bien, quant à lui, prés de
six cent millions, pourveu même qu'il n'en doive pas encore
davantage. J'ai veu il n'y a
pas encore long tems qu'il devoit

voit trente huit millions de rente
fur l'hôtel de ville ; Il paioit outre cela quantité d'autres fommes tous les ans, pour des gages de certains offices créés
pendant la derniere guerre ; Il
étoit encore chargé de quantité d'interêts, envers les cours
fuperieures, & les autres tri-
bunaux de juftice pour des aug-
mentations de gages, qui leur
étoient attribués à caufe de plufieurs fommes de deniers qu'-
ils avoient été obligés d'avancer, pour aider à fa Majefté à
repouffer les ennemis de l'E-
tat.

Il eft vrai que depuis ce tems-
là les communautés ont rem-
bourfé quelques titulaires de ces
offices, & qu'ils en rembour-
fent encore d'autres actuellement, parce que leur création
leur

leur est à charge. Il est vrai
aussi que le Roi fait la même
chose de son côté, & que d'ailleurs les rentes de l'Hôtel de
Ville, qui étoient les unes au
denier quatorze, les autres au
denier seize, & les autres au
denier dixhuit, ont toutes été
reduites au denier vingt. Mais
enfin, quelque reduction qui
en ait été faite, comme le même fonds qui étoit dû, l'est
encore présentement, parce
que si cela en a diminué les ar-
rerages, le principal n'en est
pas diminué d'un denier, il
s'ensuit que le Roi, qui est extrémement sage, & extrémement prudent, ne s'engagera
jamais à la guerre, à moins
qu'on ne l'y oblige malgré lui.
Il voudra, selon ce que nous
dicte le bon sens, acquitter au-
para-

paravant la plus grande partie
de fes dettes; fans cela ne fe jet-
teroit-il pas dans un furieux
embarras, & même ne lui pourroit-il point arriver quelque
chofe de pis?

Mais je ne m'en tiens pas à
cette feule raifon, qui eft pourtant bien fondée, ce me femble,
pour montrer qu'il ne veut point
de guerre; en voici une encore, dont je fortifie mon dire,
laquelle n'eft pas moins conforme à toutes les regles du bon
fens, que le fauroit être celle-
là. Quoi que ce grand Roi,
durant tout le cours de fon regne, ait presque toûjours eu,
pour ainfi dire, la fortune à fes
gages, ne fait-il pas bien, &
même par fa propre experien-
ce, qu'on ne fauroit tellement
s'affurer fur elle, qu'on en puifle

H 7　　re-

répondre fans vouloir fe trom-
per. C'eft pour cela que beaucoup de gens l'ont comparée à
une femme, qui fe méle de
faire l'amour, laquelle aime
tantôt celui-ci, & tantôt celui-là. Il n'y a rien de plus in
certain que fes faveurs, témoin
ce qui arriva à fa Majefté même,
à *gigeri*, devant *trèves*, & en
quelques autres endroits, qu'il
feroit inutile de fpécifier. Or
comme elle fe voit aujourd'hui
comblée d'une gloire immor-
telle, ne la croiez-vous pas affés
prudente, pour s'en vouloir
tenir au paffé ? l'avenir lui eft
incertain, & quand elle feroit
d'humeur à ne pas faire réflexion
fur ce qui vient de fe dire ici
de la fortune, & même à fon
égard, elle a affes de pénétra-
tion, & de fageffe, pour la
faire

faire fur la vie d'un Prince,
qui tout auffi bien qu'elle, fem-
bloit avoir eu la victoire pour
compagne dans toutes les en-
treprifes, & qui néanmoins fur
la fin de fon empire, vit ternir
tant de Lauriers, parceque celle, qui l'avoit accompagné jufques là, l'abandonna devant
Mets, & devant Marfeille. L'on
voit bien, fans qu'il foit befoin
que je m'en explique davantage, que c'eft de l'Empereur
Charles Quint, dont je prétens parler; ainfi tout ce qu'il
femble, que j'aie encore à dire
fur cé fujet, c'eft qu'un Prince, qui a la fageffe en partage,
comme l'a fans doute Louis le
Grand, reffemble à ces joüeurs
prudens, qui quand ils ont fait
une fois une groffe fortune, ne
manquent jamais de fe retirer
fur

fur leur gain. Sans celà ils cour-
roient risque d'éprouvér le fort
des *galet*, des *leſſé*, & d'une infinité d'autres, grands joüeurs,
lequels après s'être veus élévés
jusques fur le pinacle, ont éprouvé enfuite un terrible retour,
pour avoir été ſi avides, que
de vouloir avaler la mer & les
poiſſons. Le premier après a-
voir fait bâtir pour ſa demeure
l'hôtel de *ſulli* d'aujourd'hui,
qui eſt une des plus belles m ai-
ſons de l'aris, & l'avoir per-
düe d'un ſeul coup de dé, &
enfuite tout ce qu'il avoit, ne
fut point honteux, pour contenter la fureur qu'il avoit de
joüer, d'aller porter un *moment*,
ſur les degrés du Palais, aux
laquais qui s'aſſemblent là pour
chercher maîtres Le ſecond, a-
près avoir gagné de nos jours
foixante

foixante mille Louis d'Or, a-
vec quantité de bijoux, & de
belles nipes, s'eft veu à peu
prés au même état que *galet* ;
de forte que je ne faurois dire,
s'il n'eft point allé mourir quelque part à l'hôpital.

Mais pour en revenir à fa
Majefté, une autre raifon encore, par laquelle il eft aifé de
voir qu'elle ne veut point de
guerre, c'eft qu'elle ne s'eft pas
encore autrement fouciée jufques ici de paier fes dettes, &
encore moins d'amaffer de l'argent, qui cependant en eft le
nerf, comme chacun fait. Elle
a toûjours continué, comme
elle a fait toute fa vie, tant en
tems de guerre, qu'en tems de
paix, de faire des dépenfes pro-
digieufes, deforte qu'il lui eft
mieux dû qu'à un autre, d'a-
voir

voir de grandes richeſſes. L'a-
varice n'eſt pas ſon partage, ſi
bien qu'elle fait mentir par ſa
grande liberalité, tous ceux
qui ont oſé dire jusques ici,
que c'a toûjours été là l'appan-
nage¹ des Princes de la maiſon de
Bourbon; Reputation même qu'-
ils prétendoient donner à ce Monarque au commencement de
ſon regne, & dont ils doivent être
bien revenus préſentement, puis
qu'à moins que de vouloir être
aveugles, ils faut bien qu'ils a-
voüent aujourd'hui, ou qu'ils
n'en avoient parlé que par paſſion, ou du moins manque de
connoiſſance. Ou a t-on jamais veu uu Roi répandre de
ſi grands bien-faits, & en ſi
grande quántité? Ne ſemble
t-il pas même qu'il n'y ait que
lui ſeul, qui ait cette vertu
en

en partage? Par tous les autres
Etats, on ne fait ce que c'est
que de donner rien au de là des
promeſſes, il n'y a qu'en France,
ou l'on ſe reſſente avantageuſe-
ment de la liberalité du ſouve-
rain.

Dans les Etats même les
mieux policés, & où l'ordre
regne plus exactement ſi par
exemple on a promis cent écus
par mois à un Officier, plus ou
moins cela ne fait rien à la choſe, on ſe contente de les lui
paier regulierement, ſans le faire
attendre une ſeule journée au
delà de ſon terme. Mais de
lui donner quelque choſe au
delà, c'eſt ce qui ne ſe pratique chez perſonne. La France
tout au contraire promet peu,
& donne beaucoup, & cela a
proportion de ce qu'elle croit
que

que les gens le méritent. De
là vient qu'elle est si bien ser-
vie, & qu'elle le sera toûjours,
tant que regnera cette maxime,
parceque l'interêt est un appas
bien tentant pour tous les hommes. Combien de pensions,
je vous prie, donne sa Majesté? Combien de gratifications
extraordinaires? Combien d'appointemens augmentés? Combien de presens qui se tirent de
la cassette? En un mot ou se
trouve t-il un seul homme, qui
ait veritablement du merite, ou
quelque qualité qui le distingue
des autres, qui se puisse plain-
dre, s'il a l'honneur d'être con-
nu de son souverain, qu'il ne se
soit pas ressouvenu de lui dans
l'occasion?

Les autres puissances sont encore plus mal dans leurs affaires

res que ne peut être le Roi.
Elles ne doivent pas tant que
lui, me dira t-on, & fans qu'il
foit befoin que l'on me faffe ce
difcours, je l'entens déja bour-
donner autour de mes oreilles.
Eh bien elles ne doivent pas
tant, que lui, j'en conviens ;
mais qu'on convienne auffi a-
vec moi, qu'elles n'ont pas de
fi grandes reffources. Pour
moi, j'aimerois encore mieux
avoir trente mille livres de rente, & d'en être chargé de quinze à paier tous les ans à des
créanciers, que de n'en avoir
que dix, & d'en paier cinq.
J'aurois encore quinze mille de
rente de refte, au lieu que je n'en
vois que cinq à ceux, qui n'au-
roient que dix mille livres de
tente de revenu. J'ai un peu
voiagé, & fans vanité, je crois
favoir

favoir un peu de toutes chofes.
Mais fi l'on en excepte l'Angle-
rerre, & la Hollande, ou il y a
veritablement bien de l'argent,
qu'on ne me parle point des richeffes de tous les autres pais de
l'Europe, en comparaifon de
celles de France. Il y a pour plus
d'argent de meubles, & de vaif-
felle d'or & d'argent à Paris feul,
que plufieurs Princes enfemble
n'ont de capital. L'on voit rouler
à la verité beaucoup d'argent
dans quelques endroits ; mais
quel argent, je vous prie? En
Suede, & en Danemark, fi l'on
y reçoit feulement cent écus, il
faut avoir un mulet tout pret
pour les porter. En Allemagne
il faut du moins un crocheteur.
Dans les Etats même les plus
puiffans, l'or y eft tout auffi rare;
que les loups le font en Angleterre,

terre, ou il n'y en a qu'un seul
à la tour; encore y a t-il été
amené par rareté, comme j'ai
veu autrefois que l'on amenoit
à Vincennes, des Tygres, des
Leopards, & d'autres animaux
semblables. Le Roi les fit tuer
pendant la derniere guerre, par-
cequ'ils coutoient beaucoup à
entretenir, & qu'il n'avoit pas
besoin de faire une dépense si
inutile. Je ne sai, si la paix du-
re encore long tems, s'il n'en
fera point revenir; quoi qu'il
en soit, si l'or est si rare dans les
pais, dont nous venons de parler, l'argent non plus, au moins
pour les grosses pieces, n'y paroit pas fort commun. J'y ai
receu quelquefois des lettres de
change, pas fort considérables
à la verité; mais je ne les ai jamais receües qu'en menüe mo-
noie.

noie. Qu'on ne me parle donc
point de tous ces grands tresors,
que l'on fait sonner si haut. Un
tel Prince, dit-on, peut entretenir trente mille hommes ; un
autre vingt cinq, un autre plus,
un autre moins ; pour moi je
vous déclare encore une fois,
qu'a la reserve de l'Angleterre,
& de la Hollande, que je crois
riches, je mets tout le reste en
doute. Si ces Princes peuvent
entretenir toutes ces troupes, ce
n'est que par le moien des subsi-
des qu'ils espérent de tirer de
ceux, qui auront besoin de leur
secours ; mais de le faire par
eux-mêmes, c'est ce que je nie,
& ce qui aussi leur est tout à fait
impossible.

Je conclus de là, que la guerre
ne doit pas être plus agréable à
tous les souverains, principalement

ment à ceux aux dépens de
qui elle se doit faire, qu'elle
le doit être à la France. Car
comme elle ne se fait qu'à
force d'argent, il faut que ce
soit à eux qu'il en coute. D'ailleurs quand il y auroit encore
davantage de richesses, qu'il
n'y en a & en Angleterre, &
en Hollande, quel plaisir y a
t-il de les répandre à des gens,
qui ne combattent que par interêt. Il n'y a qu'une seule nation dans le monde, qui de
tout tems ait eu la reputation
de ne se point donner sans argent; Cela même est passé aujourd'hui en proverbe; desorte
que l'on dit communément
point d'argent point de suisse; mais
que leur race s'étend maintenant bien loin, puisque l'Allemagne, & le Nord, sont aussi

I   bien

bien peuplés de ces gens-là, que le peuvent être les montagnes qu'ils habitent. Quel plaisir donc encore une fois de répandre son argent à tant de gens, qui tendent la main bien plûtôt pour vous demander ce qu'il y a dans vôtre bourse, que pour vous demander vôtre amitié. Je n'y en connois point; ainsi à moins que ce ne soit une necessité absolüe d'avoir recours à eux, pour moi si j'étois souverain, je tâcherois tout autant que je pourrois de m'en passer.

Puis donc que personne ne doit souhaiter la guerre, à la reserve de l'Empereur, qui par rapport à ses grandes prétentions, a interêt d'y exciter toute l'Europe, parce qu'il ne sauroit être en pire état que ce-

lui

lui, ou il est aujourd'hui; puis donc, dis-je, qu'il n'y a que lui seul, qui doive avoir ces sentimens, voions comment on peut concilier les interêts des parties interessées, dans l'affaire qui est maintenant sur le tapis. Il n'y en peut avoir que deux, suivant nôtre calcul, supposant que la France & l'Espagne ne font plus aujourd'hui qu'une même chose, pour me conformer au langage que l'on tient présentement en plusieurs endroits, par rapport à leur grande union.

Les deux parties interessées font la France, & la Hollande; Celle-ci croit avoir sujet d'appréhender, à cause de la grande puissance de l'autre; comment donc la rassurer, si ce n'est en tâchant d'examiner

sa

fa fituation , & fes bornes,
afin de remedier à tout ce qu'il
peut y avoir de defectueux. Du
côté de la Flandres , elle eft
à couvert de tout , ce femble
t-il, par la nature du pais, qui
le rend comme impraticable à
une armée, quelque forte qu'-
elle puiffe être. Du côté de
fes côtes, elle a des forterefles
inexpugnables , qui font fes
vaiffeaux, il n'y a donc pas preffe
à les venir attaquer par là , parce qu'outre que ces côtes font
extrémement dangereufes , à
caufe de la quantité des bancs
de fable, qui y regnent de tous
côtés , il n'eft pas facile de
triompher de fes forces maritimes , qui font plus formidables, que celles d'aucune puiffance qu'on fe puiffe imaginer.
A l'oppofite de fes côtes, elle

a

a un grand Fleuve, & une grande Riviere pour fe cou-vrir, & outre cela l'Allemagne pour bornes, qui eft un païs ami ; Ainfi elle n'a encore rien à appréhender de ce côté-là. De quel côté donc a t-elle fujet d'appréhender, puis-qu'il femble que la voila en feureté de tous côtés. D'un bout un païs impraticable, de l'autre la mer qui l'embraffe, & par derriere, & fur fa droi-te, (car je pofe ici fa fitua-tion, comme elle doit être, en faifant tête à la puiffance, qui lui fait peur) fur la gau-che un Fleuve, & une Rivie-re qui la couvrent, fans comp-ter encore un païs ami, qui eft au delà, & ou font fes principales alliances. Voila fans doute, dira quelqu'un qui

I 3   ne

ne connoîtra pas bien le ter-
rain, une peur bien mal fondée que la sienne, puisqu'elle
se trouve si bien en seureté
de tous côtés. Non non elle
n'y est pas tant que l'on diroit bien, & ceux qui se sou-
viennent par où on l'attaqua
en 1672. ne trouveront point
étrange, qu'elle songe à ajouter encore de nouvelles pré-
cautions à celles-là. J'avoüe
que les choses ont bien changé de face depuis, desorte
qu'on ne sauroit venir encore
la prendre par le même endroit, sans faire crier non seulement toute l'Allemagne, mais
encore sans la faire déclarer
contre soi; en effet il faut
s'emparer auparavant de quantité de places, dans la Duché
de Cleves lequelles sont maintenant

tenant à la garde du Marquis
de Brandebourg, au lieu qu'auparavant c'étoit les Hollandois
qui les gardoient. Au moins
si je ne l'appelle pas encore ici
Roi de Prusse, c'est que comme il n'est pas encore couron-
né, j'aurois peur que l'on ne
m'accusât d'avoir été le premier,
qui eut cherché à lui donner
ce nom-là.

Mais sans pousser cette petite
digression plus loin, si neanmoins
l'on peut dire avec verité que
c'en soit une, je dirai qu'outre la peine que cela doit faire
à sa Majesté très-Chrétienne,
elle trouveroit aujourd'hui plus
de difficulté à entrer par là
dans les Provinces Unies, qu'-
elle ne fit en 1672. les places
de cette duché n'étoient presque point fortifiées en ce tems-

I 4   là,

là, elles le font maintenant tout d'une autre maniere qu'elles ne l'étoient. L'on peut dire auffi, qu'en l'état que font les chofes aujourd'hui, ce Monarque n'auroit que faire de venir par là, fi fon deffein étoit, comme il n'y a nulle apparence, de vouloir pénétrer jusques dans le Cœur de la Hollande. Il y viendroit bien plutôt par la Gueldre Efpagnole, dont on ne lui peut plus empêcher le paffage par terre, quoi que la Meufe lui foit toûjours bouchée, à caufe de la Ville de Maeftrict, qui appartient aux Etats. Ainfi c'eft de ce côté-là qu'ils paroiffent avoir fujet de demander qu'on leur donne quelque feureté. Une place ou deux de moins pour la couronne d'Efpagne, n'eft pas une grande affaire.

affaire· Ces peuples lui en ont
bien fauvé d'autres depuis trente trois ou trente quatre ans ,
puisque fans eux il y a long tems
que toute la Flandre feroit per-
due pour elle. D'ailleurs on ne
leur donnera pas ces places pour
rien , la couronne d'Efpagne
leur doit je ne fai combien de
millions , pour ce qu'ils ont a-
vancé pour elle durant la derniere guerre , ce fera toûjours
en rabattant.

Mais cela fuffira t - il pour
affurer les Hollandois ? quelles
places leur pourroit on donner
de ce côté là , capables de cal-
mer leurs juftes défiances ? Il
n'y en a point à la verité , &
quand on leur donneroit *Venlo*,
& *Ruremonde*, qui font les feu-
les qu'il y ait de ce côté-là ,
qu'eft-ce qu'elles tiendroient el-

I 5   le

les qui ne valent rien, contre
une couronne à qui les meilleures n'ont jamais pu réfifter que
pendant quelques jours. Cependant, outre que c'eft déja
une petite barriere, qu'on ac-
corderoit aux Etats de ce côté
là, fuppofé toutefois que je
rencontre jufte dans mes conjectures, on peut auffi leur donner encore d'autres feuretés. Le
Roi trés-Chrétien qui croioit
beaucoup gagner, lors que
l'Angleterre & la Hollande firent le partage de la fucceffion
d'Efpagne, de la maniere que
tout le monde fait, aiant bien
plus gagné aujourd'hui par le
Teftament de Charles II. au
profit du Duc d'Anjou, ne fera
point de difficulté apparemment,
de confier aux Etats pendant
un certain tems, la garde des
mu-

murailles de trois des principales Forteresses de la Flandre. Ce sera par là qu'ils se trouveront alors dans une pleine seureté. Que l'on soufre qu'ils mettent garnison dans Anvers, dans Namur, & dans Luxembourg, les voila en quelque façon hors de peine. Ils n'auront plus lieu de craindre que l'on rompe un traité, dont ils auront de si bons ôtages entre les mains. Par ce moien toutes défiances seront calmées, tous les mouvemens qui paroissent présentement s'appaiseront, & toute crainte de guerre étant otée de part & d'autre, chacun ne songera plus qu'a s'appliquer à son commerce, ou s'il n'est pas negociant, aux autres choses qui regardent son état.

Voila comment il paroit qu'on

puisse

puisse terminer cette grande affaire , après quoi tout l'arme-
ment de l'Empereur aura bien la
mine de s'en aller en fumée. Car
qu'il ait intelligence avec les
Princes d'Italie , ou qu'il n'en
ait pas, tous leurs desseins écho-
üeront bien tôt , s'ils viennent
jamais à apprendre que les deux
couronnes n'auront plus de lieu
de rien appréhender du côté de
la Hollande. Mais compte t-on
donc ici pour rien , me dira encore quelqu'un , pour me rompre tout exprés en visiere , ou
pour trancher peut-être du bel
esprit , les interêts des Anglois?
Que va devenir, ajoutera t-il,
leur commerce du Levant, si les
deux couronnes demeurent dans
l'union ou elles paroissent aujourd'hui ? Ne seront-elles pas
maîtresses, quand elles voudront,
du

du detroit de Gibraltar, ou plutôt la couronne d'Espagne, sou-
tenüe des forces maritimes de
France, ne l'est-elle pas déja,
par les forteresses qu'elle tient
sur cette côte. Il ne lui man-
quoit qu'une armée navale pour
en fermer l'entrée, à qui bon lui
sembloit ; en voila une toute
trouvée en moins de rien ; ainsi
ne voila t-il pas tout perdu pour
eux de ce côté là ? A cela je ré-
pons, qu'il n'y a point d'apparence que les deux couronnes en
viennent jamais là, à moins que
d'avoir une guerre ouverte avec
cette nation. Mais, quand
même cela seroit tout aussi prêt
d'arriver, qu'il en paroit éloigné,
quelque puissance qu'aient les
Anglois, que sauroient-ils faire
dans une occasion comme celle-
ci ? Quand ils entreprendroient

I 7   la

la guerre contre les deux couronnes, & que même ils y feroient secondés par toutes les
puissances jalouses de la grandeur de sa Majesté trés-Chrétienne, quel peut être jamais le
fruit qu'ils en sauroient retirer.
Ils ne s'imagineront pas apparemment qu'il sera en leur pouvoir de faire renoncer le Roi
trés-Chrétien à l'acceptation
du Testament au préjudice du
partage. Quand même ils en
viendroient à bout, ce que je
mets pourtant au nombre des
choses impossibles, ou du moins
qui paroissent telles, Philipes V.
y renonceroit-il? ses peuples pareillement y renonceroient-ils
de leur côté? les choses sont trop
avancées maintenant pour pouvoir reculer, il faut qu'elles s'ac-
complissent dans leur entier. Il
faut

faut, dis-je, en l'état qu'elles sont
aujourd'hui, qu'elles en demeurent là de toute neceſſité, ou bien
trouver moien de renverſer la
fortune des deux couronnes,
ce qui n'eſt pas une petite en-
trepriſe.

Mais les Anglois ne ſe fla-
teroient-ils point peut-être,
qu'en ſe déclarant ainſi contr'-
elles, ils augmenteroient tellement par là les forces de l'Empereur, qu'il pourra eſpérer de
percer facilement juſques au
cœur de l'Italie ; que toutes
les puiſſances voiſines y donneront même les mains, & qu'-
emportant par la force, les Etats
que les Rois d'Eſpagne ont toûjours poſſedés en ce païs là, ils
y établiront l'Archiduc Charles d'une telle maniere, que ce
ſera une nouvelle puiſſance, laquelle

quelle étant liée par des confi-
dérations d'Etat, avec les autres Princes d'Italie, balancera
en tems & lieu celle des deux
couronnes, qui donne de la
jaloufie à toute l'Europe. Le
deffein eft grand, je l'avoüe;
mais peut-être plus dificile à
exécuter, qu'à concevoir. Rien
n'eft plus aifé que de porter fes
penfées jusques par deffus les
nües, mais ne les voit-on pas
d'ordinaire en retomber encore
plus vite, qu'elles n'y font mon-
tées. Le fuccés d'un fi grand
projet dépendra beaucoup cependant de la conduite que les
Princes d'Italie tiendront, dans
cette rencontre. Le Pape fur
fur tout y donnera un grand
branle; Car s'il venoit par hazard à donner l'inveftiture du
Roiaume de Naples à l'Archiduc,

duc, & qu'il se déclarat pour
lui, ce seroit alors que ce projet, qui paroit maintenant si é-
loigné, ne le seroit plus tant que
de merveilles. Cependant tout
ce que l'on en sauroit dire, c'est
que l'Italie servira encore de
cimetiere à bien des François,
avant que cela s'accomplisse.

. . Mais en attendant, que nous
voyions ce qui arrivera de tout
ceci, que conclurrons nous de
ce que nous venons de dire? Qu'-
en saurions nous conclurre autre
chose, sinon que nous avons eu
raison de dire, que nonobstant
tous les avantages que le Roi
trouvoit pour sa couronne en
préferant le partage au Testament, il a pourtant encore bien
mieux fait, de prendre l'un que
l'autre. Cela se reconnoît non
seulement en ce qu'il a fait par là
son

son petit fils souverain d'un des plus grands, & des plus riches Roiaumes du monde; mais encore qu'a veüe de pais, il est moralement seur de n'avoir plus un jour cet os à ronger, qui lui a déja tant donné de peine, couté une infinité de sang, & ou il a dépensé tant de millions. La Flandre qui à toûjours été une pomme de discorde entre les deux couronnes, pourroit bien encore un jour faire le même effet, si l'on n'y pourvoioit de bonne heure. Il est vrai que ce n'en est pas encore ici le tems; cela se feroit trop à la chaude; mais après qu'on aura laissé meurir les choses, il faudra bien couper la racine à tous les differens qui pourroient survenir entr'elles, par un bon traité. La politique le veut, la raison le demande,

&

& pour prouver cette verité, il
n'y a qu'à confidérer ce païs là,
dans ce qu'il eft, & confidérer
en même tems avec attention, fi
l'Efpagne fauroit jamais efpérer
aucun avantage en s'en confer-
vant la poffeffion.

Si nous regardions les chofes,
comme elles ont été autrefois,
c'eft à dire comme fi cette Monarchie étoit toûjours entre les
mains de la maifon d'Autriche,
il faudroit avoir perdu tout à fait
la raifon, pour fonger feulement
à faire une queftion comme celle
là. Toute la feureté de ce grand
Roiaume n'a jamais confifté, que
dans la poffeffion des païs bas, fi
elle ne les eut point eus pour
donner de l'amufement aux
François, ils euffent bientôt été
jufques à Madrid, & même peut-
être encore jufques par delà.
Mais

Mais ils aimoient mieux une seule ville de Flandres, que dix de
la Catalogne. C'est aussi de ce
côté là qu'ils ont toûjours fait
leurs principaux efforts ; ils ne se
soucioient gueres de ce qui se
passoit autre part, & s'ils y en-
voioient des armées, c'étoit plutôt pour empêcher que l'on
n'empietat sur eux, que pour
songer à s'y aggrandir. Aussi la
Cour de France étoit-elle assés
contente, pourveu qu'on resser-
rat les Espagnols au delà des
Montagnes, qui separent les
deux Roiaumes. Que si elle envoioit ordre quelquefois à ses gé-
néraux de les passer, c'étoit bien
moins pour y vouloir faire des
conquêtes, qu'elle ne se soucioit
pas de garder, que pour y faire
vivre ses troupes aux dépens de
l'ennemi. Elle portoit, pour
ainsi

ainfi dire, une efpece de refpect
aux bornes, qu'il femble que
Dieu ait mifes pour la feparation,
dont nous venons de parler; bornes qui n'ont point été plantées
par la main des hommes, mais
que les hommes ont trouvées
toutes plantées par la main de
celui qui à créé le ciel, & la
terre.

Or fi les chofes étoient toûjours fur le même pied, dont nous
venons de parler, c'eft-à-dire
que la maifon d'Autriche poffe-
dat encore la couronne d'Efpagne, il faudroit non feulement que
je fuffe fou, mais encore fou à
lier, fi je prétendois que les E-
fpagnols ne duffent pas conferver la Flandres, aux dépens de
tout ce qu'ils ont de plus cher.
Mais aujourd'hui qu'ils ont le
petit fils de Louis le Grand pour
leur

leur Roi, & que les deux Roiaumes ne vont plus faire selon le
langage commun, qu'une même
chose, ou trouvera t-on qu'il
leur soit aujourd'hui de consequence de la garder? Ce pais leur
a toûjours été beaucoup plus
onereux que profitable, c'est
lui qui leur a consumé la plus
grande partie des richesses im-
menses, qu'ils tirent des Indes;
C'est lui encore qui après leur a-
voir ravi tant de millions d'or,
leur a encore ravi ou peu s'en
faut une pareile quantité de millions d'hommes; C'est même
lui, si cela se peut dire, qui a
toûjours enervé les forces de
cette nation, parce que comme
tout ce qui s'y passoit étoit extrémement éloigné des yeux de
sa Majesté Catholique, il s'en-
suivoit que tous les grands du
Roiau-

Roiaume, & tous les autres à leur exemple, ne vouloient pas qu'il fut dit, qu'on les confinât dans une espece d'exil, sous prétexte d'une gloire qu'ils ne regardoient que comme imaginaire. Ils comptoient que c'étoit comme les prier de leur deshonneur, que de les faire aller en ce pais là, parceque les lauriers qu'on leur proposoit d'y aller cueillir, ne se pouvoient recueillir que bien loin des yeux de la Majesté Catholique.

Et en effet, nous voions par expérience, que si les Espagnols ne se sont pas montrés depuis quelque tems si ardens à aller à la guerre, que quantité d'autres nations, ce n'a pas été tant, comme quelques uns le prétendent, par le peu de goût qu'ils ont pour ce métier là, que parce qu'ils

qu'ils ont creu, que d'aller porter les armes en Flandres, c'étoit
aller dans un autre Monde, & s'y
enterrer plutôt tout vif, que de
chercher le chemin de se rendre
recommandable à la posterité.
Que si leurs derniers Rois fuf-
fent monté à cheval eux-mêmes,
pour y aller, c'eut été alors qu'on
leur eut veu fourbir leurs armes,
& marquer la même joie, & la
même ardeur, en les suivant à la
guerre, que les autres nations
ont coutume d'en témoigner en
pareille occasion. Du moins
voit-on dans l'histoire, que cela
se fit autrefois ainsi, lors que
Charles Quint fut en personne,
ou dans ces mêmes Provinces, ou
dans d'autres pais éloignés. L'on
vit aussi en eux tout le même em-
pressement, lors que Philipes 3.
grand Pére du Roi dernier mort,
se

se trouva lui-même à la tête de ses armées, pour recouvrer la Catalogne, que le Cardinal de Richelieu avoit fait revolter contre lui. Ainsi maintenant que ce nouveau Roi d'Espagne est en seureté du côté de la France, qu'a t-il affaire d'un païs qui outre qu'il lui seroit encore à charge de tant de façons, serviroit aussi peut-être un jour, comme nous avons déja dit, de pomme de discorde capable de rallumer la guerre entre les deux nations. Il faut aller, si l'on peut, au devant des maux qui peuvent arriver par succession de tems; c'est en cela que consiste la prudence, & quand on le fait l'on n'en sauroit recevoir que des loüanges par toutes les personnes de bon sens.

Mais que lui donnera la France

K

ce en échange si cela se fait jamais; Car nous ne sommes plus
dans un tems, ou l'on voie que
l'on soit d'humeur à donner quel
que chose, pour rien. Encore
passe si par la derniere paix, elle
eut conservé la plus grande partie de la Catalogne qu'elle avoit
conquise; ce seroit une chose
maintenant à lui proposer que
cet échange. Ce païs seroit tout
aussi bien à la bien-seance de sa
Majesté Catholique, que la
Flandres le peut être à l'égard
de sa Majesté trés-Chrétienne.
Ce Prince n'a maintenant rien à
lui donner, qui ne soit en deçà
de ces montagnes, que nous a-
vons dit tantôt, que Dieu sembloit avoir plantées pour servir
de bornes aux deux Roiaumes.
Si sa Majesté Catholique s'en
veut contenter, ne fera-ce point
encore

encore un jour un nouveau sujet
de discorde entre les deux couronnes? Le Roi trés-Chrétien,
je ne dis pas Louis le Grand, car
je sai bien que cela ne lui arrivera jamais, mais quelqu'un de ses
successeurs ne dira t-il point
peut-être un jour, que pour
bien faire, il ne faloit point toucher aux bornes que Dieu avoit
mises entre les deux Roiaumes,
& qu'ainsi pour ne pas aller contre sa volonté, il lui doit être
permis de remettre sous sa domination ce qu'il convoitera
plutôt par ambition, que pour
ajouter foi à ce qu'il pourra mettre en avant pour colorer son
dessein? L'on voit effectivement
que les Rois, ou leurs Ministres,
se forment ainsi bien souvent des
projets dans la tête, qu'ils s'efforcent de faire réüssir, lors qu'il-

en

en trouvent l'occasion. Combien de fois ai-je oüi dire au feu Marquis de Louvois, & encore à bien d'autres qu'à lui, que le Roiaume de France ne seroit jamais arrondi, comme il faloit, jusques à ce qu'il eut pour toutes bornes l'Ocean, la Mediterranée, les Pirenées, & le Rhin? Il en est pourtant encore bien éloigné, mais comme ce Ministre avoit bon appetit, il ne faut pas s'étonner s'il faisoit un souhait aussi avantageux pour lui en même tems, qu'il le pouvoit être pour le Roi son maître. Il savoit que plus le Roiaume auroit d'étendue, plus il lui reviendroit d'argent, pour les lettres qui iroient, où qui viendroient de ces nouveaux païs de conquete. Il savoit aussi qu'il y pourroit établir des chevaux le loüage,

loüage, deux fermes qui lui va-
loient déja autant de revenu,
qu'en ont quantité de souverains.
Mais comme c'est la coûtume
que plus on en a, plus on en
voudroit encore avoir, il ne pouvoit se raffasier de ses richesses, il
lui en faloit encore de nouvelles.

Cependant, sans m'eloigner
davantage de mon sujet, il est
certain qu'il n'est rien de si dan-
gereux à un Prince, comme à
un autre, que ces sortes de pen-
sées. La raison est qu'à force
bien souvent de s'en entretenir
en soi-même, l'on a peine en
suite de les faire sortir de sa tête.
Mais qu'il en soit tout ce que
l'on voudra, ce n'est pas à dire
que l'on doive craindre que les
successeurs de Loüis le Grand,
soient jamais capables de se
broüil-

broüiller avec ſa Majeſté Catholique, pour un ſujet comme celui là. L'ambition, quelques
bornes qu'on prétende lui donner, n'en trouve jamais qui l'ar-
rêtent, quand elle ſe trouve au
deſſus de la raiſon. Ce n'eſt ni
des montagnes, ni un deſert, ni
un fleuve, ni la mer même, qui
puiſſent arrêter un cœur, qui ſe
laiſſe une fois tyranniſer par cette paſſion. Ainſi ce ſeroit en vain
que les pirenées ſepareroient
encore les deux Roiaumes, ſi
ſur le trône de l'un ou de l'autre
ſe trouvoit-aſſis un Prince, qui
fut de l'humeur d'Alexandre le
Grand.

Qu'on ne prétende pas quand je
dis cela, que je veüille donner des
loüanges à tous ceux, qui ſem-
blables à lui, ne ſauroient ſoufrir
que perſonne vive en repos. Pou-
être

être un heros de mon goût, j'aime bien mieux qu'on reſſemble
au jeune Roi de Suede d'aujour-
d'hui, que de reſſembler à celui
là. S'il remporte des victoires,
ce n'eſt qu'en défendant ſes E-
tats; Il ne reſſemble pas à ces
puiſſances, qui à l'exemple
des Barbares, croient que c'eſt
aſſés pour envahir le bien d'au-
trui, que de former une armée, qui ſe fait plutôt craindre par le nombre, que par la
valeur, & la diſcipline qui lui
manquent. Il ſait que ce ſeroit vouloir faire dire de
ſoi, qu'on reſſemble d'une façon à ce grand conquerant,
mais non pas de l'autre. En
effet ſi l'on a ſon ambition,
l'on n'a pas toûjours ſa fortune, outre qu'il avoit des qua-
lités, que tout le monde eſt

K 4. bien

bien éloigné d'avoir.

Au reste, puisque nous ne croions point que ce soit ni des montagnes, ni un desert, ni un fleuve, ni la mer mème, qui assurent le repos entre deux Etats, quand il y a un des deux souverains, qui est capable de troubler le repos de l'autre; Voions un peu ce que la France pourroit donner à la couronne d'Espagne, pour recompense de la Flandre, si neanmoins elles font jamais cet échange ensemble. Car enfin quoi que j'en parle ici en quelque façon, comme d'une chose, qui se fera tôt ou tard, je n'appuie mon dire que sur le bon sens, qui me guide, sans prétendre débiter mes conjectures, comme des paroles de verité; mais encore

un

un coup que lui donnera t-elle,
pour faire un coup si avantageux pour sa Monarchie.
Elle lui donnera le Roussillon,
le capsi, la comté de foix,
les Isles de St. Honorat, &
de Ste. Marguerite, avec cette
partie de la Navarre qu'elle
tient en deçà des Pirenées.
Par ce moien 'tout sujet de
guerre & de jalousie étant le-
vé entre les deux nations,
elles voiageront l'une chez l'autre en grande assurance, uniront
leurs forces dans l'occasion, vi-
vront en grande concorde, & en
grande amitié, & laissant respirer la pauvre Flandre, qui a été
pendant un si long espace
d'années, le theatre de tant de
calamités, & de miseres, elles
l'obligeront par là, à convertir
ses pleurs en joie. L'on pourra
dire

dire de cette maniere , qu'après
l'avoir rendue pendant prés de
deux siécles , par leur animosité
reciproque , la nation du monde
la plus malheureuse , & la plus
digne de pitié, elles l'auront rendue ensuite , en terminant leurs
differens pour jamais , la nation
du monde la plus heureuse , & la
plus digne d'envie.   Car enfin
ce païs là est un petit Perou , qui
n'a besoin que de la paix , pour
mettre tous ses habitans à leur
aise.

   Il se trouvera aussi par même
moien , que lors qu'on croioit
que Louis le Grand avoit péché
contre la politique en préferant
le Testament au partage , il se
fera rendu , pour ainsi dire , le
maître de toute l'Europe, le mo-
dele des Rois pour la sagesse , &
pour la prudence , se sera fait
crain-

craindre des nations même les
plus Barbares, aura mis sa gloire
au plus haut point, & enfin aura
assuré par là la tranquilité de ses
peuples qui étoient hors d'état
d'en jouir jamais, tant que la
Flandre eut été sous la domination de la maison d'Autriche.
Cependant la chose paroissoit
d'abord problematique à bien
des gens, qui sans porter leurs
veues plus loin, n'envisageoient
que la perte que la France faisoit
en renonçant au partage. Ils ne
portoient pas comme nous venons de dire leurs veues au delà;
desorte que plus il réfléchissoient
sur cette affaire, moins ils la
pouvoient goûter. C'étoit pour
eux une espece de Labirinte, ou
ils trouvoient bien moien d'entrer, mais où ils craignoient de
mettre le pied, parce qu'ils a-

voient

CPSIA information can be obtained
at www.ICGtesting.com
Printed in the USA
BVHW090830281019
562246BV00014B/1344/P